셀프트래블
대마도

상상출판

셀프트래블
대마도

초판 1쇄 | 2017년 6월 1일
초판 3쇄 | 2018년 8월 16일

글과 사진 | 권예나

발행인 | 유철상
편집 | 김유진, 이유나, 이정은, 남영란
디자인 | 주인지, 조정은, 조연경, 이혜수
마케팅 | 조종삼, 최민아

펴낸 곳 | 상상출판
주소 | 서울시 동대문구 정릉천동로 58, 103동 206호(용두동, 롯데캐슬피렌체)
구입·내용 문의 | **전화** 02-963-9891, 070-8886-9892 **팩스** 02-963-9892
이메일 | cs@esangsang.co.kr
등록 | 2009년 9월 22일(제305-2010-02호)
찍은 곳 | 다라니

※ 가격은 뒤표지에 있습니다.

ISBN 979-11-87795-16-2(14980)
ISBN 978-89-94799-01-8(set)

ⓒ 2017 권예나

※ 이 책은 상상출판이 저작권자와의 계약에 따라 발행한 것이므로
   본사의 서면 허락 없이는 어떠한 형태나 수단으로도 이용하지 못합니다.
※ 잘못된 책은 구입하신 곳에서 바꿔 드립니다.
※ 이 도서의 국립중앙도서관 출판예정도서목록(CIP)은 서지정보유통지원시스템 홈페이지(http://seoji.nl.go.kr)와
   국가자료공동목록시스템(http://www.nl.go.kr/kolisnet)에서 이용하실 수 있습니다. (CIP제어번호 : CIP2017011709)

www.esangsang.co.kr

셀프트래블
대마도
Tsushima

권예나 지음

Prologue
웰컴 투 대즈니랜드~

겨울바람이 그렇게 불더니 어느새 봄이 와 거짓말처럼 공기가 달라졌네요. 새삼 자연의 신비를 느끼는 중입니다. 대즈니랜드(저만의 대마도 애칭) 생활을 준비하고, 사전 탐사를 다녀오고, 이런저런 준비를 하고, 본격적인 취재를 하는 동안 힘든 일이 많았습니다. 그중 가장 힘들었던 건 아무래도 날씨! 겨울의 섬 바람은 정말 장난이 아니더군요. 감기 걸린 상태로 출발해서 매서운 대즈니랜드의 바람을 맞으며 눈물 콧물을 질질 흘리기도 했습니다. 혼자 보내는 그 수많은 밤은 또 어찌나 춥던지. 외롭고, 춥고, 배불렀던 시간이었습니다.

여러 고단한 일도 있었지만 그래도 대즈니랜드가 즐거웠던 건 예쁜 바다와 마음씨 좋은 사람들을 많이 만났기 때문입니다. 바닷물이 정말 깨끗해서 가까이 가면 바닥이 다 들여다보이고, 멀리 서면 그 푸른색이 찬란했습니다. 곳곳에 있는 전망대에서는 항상 끝없는 바다가 기다리고 있었습니다. 그 어디에서나 부산이 어느 방향인지, 보이는지를 확인해볼 수 있는 것도 작은 즐거움이었습니다.

취재 중에는 운전에 자신이 없기도 하고, 도보 여행자들에게 유용한 내용을 넣고 싶어서 주로 버스를 이용했습니다. 시골 마을의 버스를 타고 여행하는 건 생각보다 만만치 않더군요. 그래도 대즈니랜드의 상냥한 할머니, 할아버지, 아주머니, 아저씨를 잔뜩 만나서 감사하게도 때마다 고비를 넘겼습니다.

쓰쓰 여행을 흔쾌히 도와주신 란테이의 야스오 할아버지, 따뜻한 친구야 카페에서 항상 웃으며 반겨 주시던 하나다 아주머니, 잇싱야가 폐점했다며 외로운 여행자의 배고픔과 할 일 없음을 걱정해 주신 호타루노유 아주머니, 갈 곳 없는 모르는 사람에게 저녁밥과 고다츠의 따뜻함을 내어 주신 미츠와야 상점의 타다 할머니, 덕분에 미네 한 바퀴를 돌며 해신 신사와 모고야 구경까지 시켜 주신 타츠노리 할아버지, 찬바람 부는 만관교에서 방황하는 이방인을 니이 버스정류장까지 데려다주신 우메야의 주인아주머니, 어디서 왔냐며 빵순이에게 이 빵, 저 빵 먹어 보라고 쥐여 주신 마음씨 좋은 피터팡 할머니, 아지로의 연흔 가이드를 자처해 주신 와타나베 할아버지(책을 한 권 주셨는데 알고 보니 저자!), 여길 어떻게 걸어왔냐며 돌아갈 때 큰길까지 바

래다주신 아나고테이의 젊은 여자 직원분(이름 묻는 걸 깜빡했어요), 한국에 친구가 있다며 외로운 여행자에게 두런두런 말을 붙여 주시고 도요타마마치 지도도 내어 주신 네즈카시호 아저씨, 다이야키(붕어빵) 먹고 이제 어디 갈 것이냐며 걱정스럽게 묻고 마트까지 데려다주신 이즈하라에서 온 부부와 할머니. 그리고 스쳐 지나갔지만 친절하고 상냥했던 모든 대마도 주민분들 고맙습니다.

특별한 놀이기구도, 꿈과 환상의 나라도 아니지만 소박하고 훈훈한 매력이 있는 곳. 대한민국에서 가장 가까운 이국, 대즈니랜드. 책을 보시는 분들도 대마도의 아름다운 바다, 그리고 따뜻한 사람들을 많이 만나셨으면 좋겠습니다.

저는 책이 참 좋습니다.
이렇게 좋아하는 책을 두 번이나 쓰게 해주신 상상출판 유철상 대표님 고맙습니다. 꼼꼼히 챙겨 주시는 홍은선, 김유진 에디터님, 저는 배우는 아니지만 고기 사 드릴게요. 고민 많이 해주시는 노세희, 주인지 디자이너님, 같이 나오세요. 항상 "쏠트 작가님 책 좋은데~" 하면서 응원해 주시는 조종삼 팀장님, 그리고 상상출판 직원분들 모두 고맙습니다. 언젠가는 응원에 부응하는 날도 오겠지요…?

책이란 뭘까? 어떤 글이 좋은 글일까? 하는 이야기를 끝없이 함께 해주시는 신서희 작가님, 대마도 취재 때마다 조언해 주시는 김지연 님, 부산과 강남에서 항상 환영해 주시는 홍현애 님과 신지선 님, 마라도(?) 사진을 구해 주시겠다고 티격태격해 주신 이은주 님과 김태우 님, 항상 첫 번째 독자가 되어 주는 은주와 수정이, 집에 오면 언제나 격하게 대환영해 주는 쿠마짱과 엄마곰, 아빠곰 고맙습니다.

2017년 5월
쏠트, 권예나

Self Travel Tsushima

일러두기

❶ 주요 지역 소개
『대마도 셀프트래블』은 이즈하라, 미쓰시마, 도요타마, 미네, 가미아가타, 가미쓰시마 6개의 마치(町)를 다루고 있습니다.

❷ 철저한 여행 준비
책의 앞부분에서는 미션과 인사이드를 만날 수 있습니다. 미션은 쓰시마에서 꼭 즐기고 맛보고 사야 할 임무를 제시하며, 인사이드에선 출발 전 알아두면 좋을 쓰시마 기본 정보와 사계절, 축제, 관광안내소 등을 소개합니다. 기간이나 도보 및 렌터카, 동행인에 따른 추천 일정은 플랜 페이지에서 확인할 수 있으며 패키지 여행과 자유 여행의 장단점까지 따져볼 수 있습니다.

❸ 여행 핵심 정보
본격적인 명소 소개에 앞서 역사와 문화, 핵심 명소 및 특징 등을 안내합니다. 워킹 코스, 반나절 투어 등의 맞춤 여행 방법을 제시했으며 상세 지도 역시 확인할 수 있습니다. 지역별 상세 지도에 소개되지 않은 명소는 전도(174p)에서 확인 가능합니다. 이후 관광명소, 온천, 식당, 쇼핑, 숙소 등을 차례차례 소개하고, 각 명소는 중요도에 따라 별점(1~3개)을 표기하였습니다.

❹ 놓칠 수 없는 체험
트라이 페이지는 쓰시마 여행에서 시도해 볼 만한 체험을 소개합니다. 렌터카 이용이 어렵다면 '버스 타고 작은 마을 여행'을 놓치지 마세요. 노선도와 버스 시간표, 테마와 일정별 코스를 제시해 초보자도 쉽게 따라 할 수 있습니다. 또한 현지인 집에서 숙박하기, 캠핑, 소바 만들기, 온천, 액티비티 등 쓰시마에서 즐길 수 있는 다양한 체험과 만나보세요.

❶ 주요 지역 소개
❷ 철저한 여행 준비
❸ 여행 핵심 정보

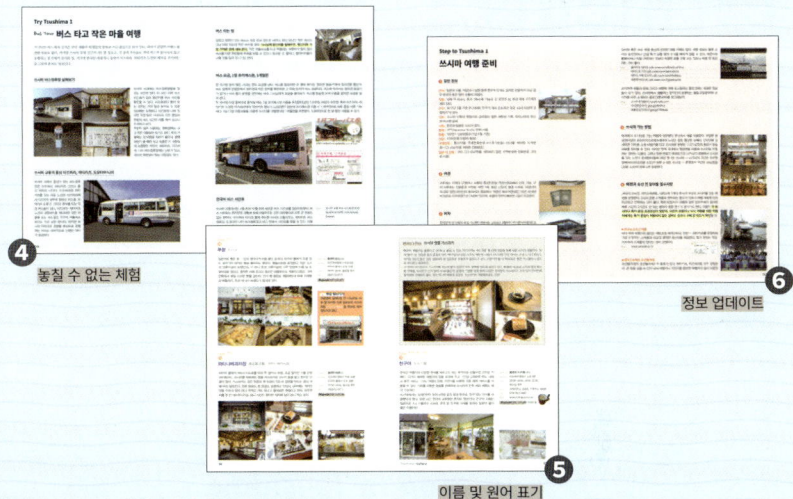

❹ 놓칠 수 없는 체험

❺ 이름 및 원어 표기

❻ 정보 업데이트

❺ 이름 및 원어 표기

한국 사람에게는 '대마도'라는 이름이 익숙할 수 있으나 책명을 제외한 본문 안에서는 '쓰시마'로 통일하였습니다. 단, 관광명소와 업소명의 경우 현지에서 사용 중인 한국어 안내와 여행자들에게 익숙한 이름을 택했습니다. 일본어 발음은 여행할 때의 편의를 고려해 현지 발음에 가깝게 표기하였습니다.

❻ 정보 업데이트

이 책에 실린 모든 정보는 2018년 8월까지 취재한 내용을 바탕으로 합니다. 쓰시마는 부정기적으로 휴무를 갖거나 재료 소진 시 문을 닫는 영업장이 많습니다. 버스 시간표 역시 시기에 따라 달라질 수 있으니 여행 전 한 번 더 확인하시길 바랍니다. 잘못되거나 바뀐 정보는 계속 업데이트하겠습니다.

지도 활용법

지도에서는 다음과 같은 부호를 사용하고 있습니다.

- H 호텔, 민숙, 펜션 등의 숙소
- S 쇼핑몰, 슈퍼마켓 등의 쇼핑 장소
- R 식당, 카페 등 식사가 가능한 곳
- 온천
- 캠핑장
- 버스정류장
- 항구(국제터미널)
- 공항
- P 주차장
- 우체국
- B 은행
- i 관광안내소

cntents

Photo Album • 4
Prologue • 8
일러두기 • 10

Mission in Tsushima • 14
- **Highlight** 청정 지역 쓰시마 • 14
- **Food** 오직 쓰시마에서만! 향토요리 맛보기 • 16
- **Shopping 1** 탐나는 쓰시마 특산물 • 17
- **Shopping 2** 일본 드러그스토어 • 18
- **Shopping 3** 사보자! 대형 마트 & 편의점 • 20

Inside Tsushima • 22
- 쓰시마 개요 • 22
- 사계절과 여행 옷차림 • 23
- 공휴일과 쓰시마 축제 캘린더 • 24
- 관광안내소와 영사콜센터 • 25

Tsushima Plan • 26
- 당일치기 쇼핑 여행 • 26
- 1박 2일 히타카츠–이즈하라 버스 여행 • 27
- 1박 2일 렌터카 여행 • 28
- 2박 3일 부모님과 함께 휴양 여행 • 31
- 2박 3일 아이와 체험·역사 여행 • 32

Enjoy Tsushima • 34

Izuhara 이즈하라 • 34
★ 이즈하라 중심가 지도 • 38

- 구타 久田 · 63
- 쓰쓰 豆酘 · 65

Kamitsushima
가미쓰시마 · 74
★ 히타카츠 지도 · 77
Spacial Page 우리나라와 관련된 쓰시마 명소 · 92

Mitsushima
미쓰시마 · 94
★ 미쓰시마 382번 도로 지도 · 97

Toyotama
도요타마 · 114
★ 도요타마 지도 · 117

Mine
미네 · 124
★ 미네 지도 · 127

Kamiagata
가미아가타 · 132
★ 사스나 지도 · 135

Try Tsushima · 144
- **Bus Tour** 버스 타고 작은 마을 여행 · 144
- ★ 쓰시마 버스 노선도 · 146
- **Stay** 현지인 집에서 특별한 하룻밤 · 153
- **Camping** 캠핑 즐기기 · 154
- **Making Soba** 소바 만들기 · 156
- **Hot Spring** 느긋한 온천 여행 · 157
- **Activity** 쓰시마 액티비티 · 158

Step to Tsushima · 160
- 쓰시마 여행 준비 · 160
- 출입국하기 · 165
- 시내 교통 · 166
- 렌터카 이용 · 167
- 쓰시마 별별 인터뷰 · 169
- 서바이벌 여행 일본어 · 170

Index · 172

쓰시마 전도 · 174

Mission in Tsushima 1
Highlight 청정 지역 쓰시마

쓰시마는 울창한 원시림이 남아 있고, 희귀한 야생생물이 살아있는 곳이다. 투명한 바다와 눈이 시리게 파란 하늘은 쓰시마 전역에서 만날 수 있다. 화려하진 않지만 수려한 매력을 가진 쓰시마를 여행하는 방법은 '천천히 느긋하게'. 빠르게 지냈던 현실에서 잠시 떨어져 천천히 흐르는 쓰시마의 시간을 즐겨보자.

❶ 아름다운 해변과 맑은 물
투명하게 보이는 깨끗한 바다

❷ 역사 속 명소
스치는 곳곳 한반도와 관련된 명소들

❸ 신선한 해산물과 향토요리
붕장어, 오징어, 소라 등을 이용한 요리들

❹ 쓰시마의 하롱베이로 불리는 아소만
크고 작은 섬이 만드는 리아스식 해안 절경

❺ 신비로운 기운의 원시림과 산
쓰시마 면적의 89%를 차지하는 산림에는 삼나무, 노송나무 등 울창하게 솟은 나무들이 가득하다. 등산과 트레킹 등 산에서 즐기는 특별한 삼림욕

❻ 캠핑과 해양 레저
청명한 하늘과 신선한 공기, 자연을 벗 삼은 하루

❼ 소박하고 정겨운 어촌 마을
해안선을 따라 줄줄이 이어진 크고 작은 어촌 마을. 햇빛에 반짝이는 바다와 수수한 바닷가 집들이 만드는, 마음이 평온해지는 풍경들

❽ 쓰시마의 동물들
쓰시마에서만 볼 수 있는 야마네코와 다이슈바

Tip 휴양지보다는 푸근한 시골 같은 쓰시마

일본 본섬보다 한국과 더 가까운 쓰시마는 우리의 시골 분위기가 난다. 오키나와 같은 휴양지를 떠올렸다면 분명 실망할 것. 화려한 인테리어의 호텔이나 식당은 없고, 섬이긴 하지만 해안도로가 많지 않아 휴양지 분위기는 아니다. 대신 자연 그대로를 간직한 모습, 소박하고 인정 많은 사람들이 있다. 푸근하고 정겨운 느낌의 쓰시마를 여행하며 수수한 매력을 찾아보자.

Mission in Tsushima 2
Food 오직 쓰시마에서만! 향토요리 맛보기

바다에서 올라온 풍성한 해산물이 쓰시마 향토요리의 주인공이다. 거기에 땅에서 난 신선한 채소가 어우러져 건강하고 질 좋은 요리들이 쓰시마의 식탁을 채운다. 쓰시마의 대표 향토요리 돈짱은 한국에서 전해진 양념갈비를 일본식으로 변형한 요리로 일본 서민 음식 대회 B-1 그랑프리에서 수상하며 유명해졌다.

생선회 さしみ
깨끗한 바다에서 올라온 신선한 생선회

이리야키 いりやき
쓰시마 토종닭과 신선한 생선, 표고버섯 등을 넣은 전골요리

이시야키 石焼
쓰시마 어부들의 요리. 달군 돌판 위에 야채와 어패류 등을 올려 구워 먹는다.

로쿠베 ろくべえ
고구마 전분과 섬유질로 만드는 독특한 식감의 국수

다이슈 소바 対州そば
100% 메밀가루로 만드는 담백하고 찰진 메밀국수

돈짱 とんちゃん
한국의 양념갈비가 원조인 쓰시마식 양념돼지갈비

돈짱버거 とんちゃんバーガー
양념돼지갈비 돈짱이 들어간 버거

쓰시마버거 対馬バーガー
쓰시마 톳과 오징어가 들어간 명물 버거

참다랑어 マグロ
쓰시마에서 양식한 참다랑어(참치)를 이용한 요리

붕장어요리 あなご
일본 어획량 1위의 쓰시마 붕장어를 이용한 요리

> **Tip** 예약해야 맛보는 향토요리
> 이리야키, 이시야키 등 몇몇 요리는 재료 준비 때문에 반드시 예약해야 한다. 식당마다 다르지만 보통 하루 전에는 예약이 필요한데, 쓰시마 대부분의 식당에서는 전화 예약만 받는다. 일본어 사용이 어려운 경우 배편이나 숙박을 예약한 여행사에 문의하거나, 현지의 관광안내소에 도움을 요청할 수 있다.

Mission in Tsushima 3

Shopping 1 탐나는 쓰시마 특산물

쓰시마에는 맑은 물로 만든 간장과 토속주, 깨끗한 바닷물로 만드는 천연소금, 울창한 숲의 나무로 만든 목공예품 등 매력적인 특산물이 많다. 특히 건강에 좋은 쓰시마 벌꿀과 천연진주는 선물용으로 인기가 많고, 누구에게나 사랑받는 전통과자 가스마키는 필수 구입 품목이다.

❶ 가스마키
350년 이상 된 쓰시마에서 사랑받는 전통과자

❷ 시오초코빵
해초 성분이 들어간 쓰시마 소금을 넣은 짭짤하고 달콤한 초코빵

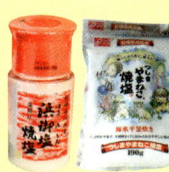

❸ 천연소금
깨끗한 쓰시마의 바닷물로 전통방식을 따라 만든 천연소금

❹ 야마네코 캐릭터 상품
쓰시마를 상징하는 야마네코의 캐릭터 상품

❺ 진주
물이 맑은 쓰시마의 명산품 천연진주

❻ 간장
쓰시마의 깨끗한 물을 사용해 만드는 간장

❼ 토속주
쓰시마의 맑은 물로 만드는 시라타케, 야마네코 등의 술

❽ 오징어
근해에서 잡은 신선한 오징어로 만드는 가공품

❾ 목공예품
쓰시마의 노송, 느티나무 등의 목재로 만든 공예품

❿ 벌꿀
하치도蜂洞라 불리는 쓰시마 벌통에서 채취하는 꿀

> **Tip 쓰시마 특산물, 물산관에 다~ 있다!**
> 다양한 특산물을 한자리에 모아둔 쓰시마물산관과 기념품숍이 곳곳에 있다. 가장 대표적인 곳은 이즈하라의 관광안내소 후레아이도코로 쓰시마의 특산물 판매점(25p), 쓰시마물산관(68p), 티아라 몰 2층의 관광물산관(68p), 미쓰시마의 쓰시마 공항 2층 기념품숍(102p), 쓰시마 그랜드 호텔 1층 기념품숍(113p), 가미아가타의 소바도장 아가타노사토의 기념품 코너(141p) 등이 다. 이곳에 가면 쓰시마의 특산품을 한 번에 구경할 수 있어 쇼핑하기 좋다.

Mission in Tsushima 3

Shopping 2 일본 드러그스토어

드러그스토어 쇼핑은 일본 여행의 빼놓을 수 없는 즐거움이다. 쓰시마에서 찾을 수 있는 드러그스토어는 마츠모토키요시와 드러그스토어 모리, 가미쓰시마와 이즈하라, 미쓰시마 등에 있다. 병원에서 처방받은 약을 복용하고 있는 경우 의약품 구매 시 의사와 반드시 상의하고, 화장품과 약품은 개인에 따라 부작용이 있을 수 있으니 주의하자.

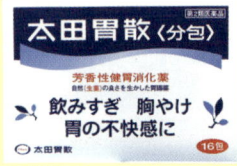

❶ 아네론 アネロン
멀미약. 지속 시간이 길어
배를 길게 타는 선상 낚시 때 유용하다.

❷ 오타이산 太田胃散
일본 국민소화제라는 별명으로
유명한 위장약

❸ 코락쿠 コーラック
변비약. 사람마다 다르지만 1알에도
효과가 크다는 평이다.

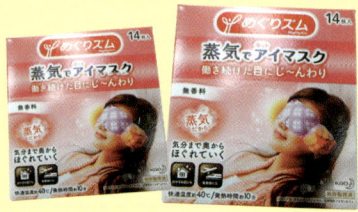

❹ 메구리즘 めぐりズム
증기 온열 마스크로 눈의 피로 회복을 돕는다. 일본에서
3초당 1개씩 판매된다는 인기 상품

❺ 이브 イブ
생리통·두통약. 속도나 통증 종류에 따라 네 가지 종류이며,
생리통에는 이브A정EX イブA錠EX 추천

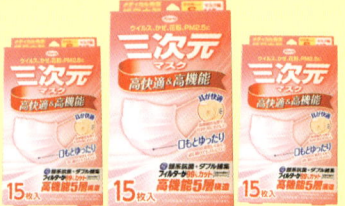

❻ 카베진 キャベジン
일본의 스테디셀러 위장약. 한국에서도 판매하지만 비싸다.

❼ 삼차원 마스크 三次元マスク
일본 국민마스크로 불리며 초 세밀 필터로 유명한
삼차원 마스크

 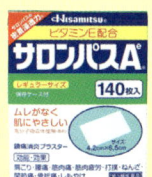 

❽ 시루콧토 シルコット
부드러운 촉감, 토너나 에센스를 적셔 팩으로 이용하기 좋은 화장솜

❾ 샤론파스 サロンパス
작은 사이즈로 붙이기에 좋고, 비교적 부드럽게 떼어지는 것도 좋다.

❿ 바브 バブ
반신욕이나 족욕할 때 좋은 입욕제. 한 개씩 낱개로 판매하기도 한다.

⓫ 사라사라 파우더시트 さらさらパウダーシート
여름철에 땀을 닦으면 파우더 느낌으로 보송보송해진다. 비누, 시트러스, 로즈, 무향 등 향이 다양하다.

⓬ 무히 패치A ムヒパッチA
호빵맨 밴드로 불리는 모기 패치. 부어오른 부위를 가라앉혀 준다. 이외에도 뿌리는 약, 바르는 약 등이 있다.

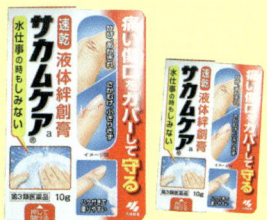 

⓭ 사카무케아 サカムケア
액상 반창고, 바르면 코팅되어 물이 닿아도 떨어지지 않는다. 특히 손이 젖을 때가 많은 주부들에게 유용하다.

⓮ 이노치노하하 命の母
여성의 갱년기 장애, 출산 전후 냉증이나 현기증, 빈혈 등에 좋은 부인약. 이노치노하하A는 갱년기 여성, 화이트 ホワイト는 모든 여성용

Tip 쓰시마에서 쇼핑할 때 알아두자!

❶ 물건을 일본 본토에서 들여오기 때문에 조금 더 비쌀 수 있다.
❷ 배 시간이 겹치는 한국인 관광객이 몰려오면 인기 제품은 품절되는 경우도 있다.
❸ 입구에 'Tax Free'라고 적혀 있는 곳은 5,000엔 이상 구매 시 면세 혜택을 받을 수 있으니 여권을 꼭 챙기자.

Mission in Tsushima 3

Shopping 3 사보자! 대형 마트 & 편의점

저렴하면서도 실용적인 쇼핑이 가능한 마트와 편의점은 일본 여행의 필수 코스다. 알록달록 예쁜 패키지의 과자나 드립 커피, 인스턴트 카레 등은 많은 여행자의 구매 필수 아이템. 친구나 지인에게 줄 간단한 여행 선물을 사기에도 좋다. 가격이 합리적이라 주는 사람은 구매하기 좋고, 받는 사람은 부담이 없다. 슈퍼 구경은 언제나 즐겁지 아니한가~ 마트에서 마음에 드는 아이템을 찾아보자!

❶ 녹차 맛 과자
색만 넣은 게 아니라 확실히 녹차 맛이 난다. 인기 많은 킷캣 초콜릿을 비롯해 과자, 사탕 등 종류가 많다.

❷ 한정 맥주
한정 상품이 많은 일본. 맥주도 예외는 아니다. 벚꽃시즌을 맞아 등장한 벚꽃 한정 맥주를 비롯하여 지역 한정 맥주도 인기

❸ 고양이 간식
일명 고양이 마약간식. 챠오츄르 때문에 오는 당일치기 여행자도 있다고니!

❹ 곤약 젤리
한번 맛보면 빠져드는 중독성 있는 젤리다. 특히 복숭아 맛 추천! 마트마다 가격이 다른데 120~180엔 사이

❺ 요구르트
여행 중에 화장실 문제가 생겼다면 R-1 요구르트를 마셔보자.

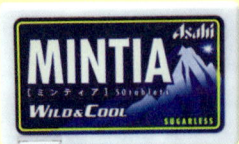

❻ 아사히민티아
구취 제거에도 좋고, 졸음 방지에도 좋은 캔디

❼ 드립 커피
몽카페가 인기지만 다른 드립 커피들도 괜찮은 편이다.

❽ 인스턴트 카레
일본은 카레 왕국 중 하나다(일본식 카레지만).
S&B 골든 커리는 한국에서도 판매하니 가격을 잘 비교해보자.

❾ 인절미과자
인절미 맛이 나는 고소한 과자. 한국에도 팔지만 가격이 사악하다. 부피가 좀 크다는 게 단점

❿ 런치팩
저렴하고 맛있는 샌드위치. 종류가 다양해 골라먹는 재미도 있다. 야마자키 제빵에서 1984년부터 만들어왔다.

⓫ 키나코모찌, 코로로젤리
부피가 작아 선물용으로 대량 구매하기 좋다.

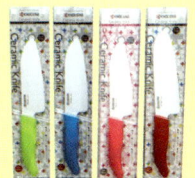

⓬ 교세라 세라믹 칼
생각보다 너무 잘 잘려서 무섭다고 하니 사용 시 조심하자.

⓭ 끼리치즈
관련 제품이 많아 고르는 재미도 있다.

⓮ 키리모찌
가래떡을 구워 먹는 이들이 좋아할 구워 먹는 떡이다.

Tip 쓰시마 주요 마트와 편의점 찾기

히타카츠항으로 들어온다면 오우라의 밸류 마트(90p), 이즈하라항으로 들어온다면 티아라 몰(68p)이 주요 쇼핑 장소다. 이 외에도 쓰시마 곳곳에는 소소하게 쇼핑할 곳이 있다. 미쓰시마에는 밸류 마트(112p)와 드러그스토어, 빵 가게 등이 모여 있어 한 번에 쇼핑하기 좋다. 미네의 다이렉스(131p)는 교통이 불편하지만 저렴한 아이템이 많아 찾아가는 사람들이 있다. 도요타마 역시 밸류 마트(123p)가 있고, 히타카츠 중심가에도 작은 밸류 마트(90p)가 있다.
이즈하라의 패밀리마트, 포푸라, 그리고 쓰시마 병원 내의 포푸라가 쓰시마의 대표 편의점이다. 포푸라 편의점은 여행자가 찾기에 조금 애매한 위치다. 쓰시마의 유일한 패밀리마트는 이즈하라 중심가에 있어 접근성이 좋다. 즉석식품, 디저트, 과자나 음료를 사기 위해 여행자들이 많이 찾는다.

Inside Tsushima 1
쓰시마 개요

일본 규슈 나가사키 현의 섬으로 전체가 쓰시마 시에 속한다. 대부분을 차지하는 쓰시마 섬과 주변에 100개 이상의 섬이 있다. 시 아래로 이즈하라(厳原町), 미쓰시마(美津島町), 도요타마(豊玉町), 미네(峰町), 가미아가타(上県町), 가미쓰시마(上対馬町) 6개의 마치(町)가 있다. 미쓰시마의 만관교(万関橋 | 만제키바시)를 기준으로 북섬과 남섬으로 나뉜다.

지정학적으로 대한민국과 일본을 이어온 섬이며 자연과 문화에서 한반도와 연관이 깊다. 쓰시마는 일본 본토와 다르게 여우와 너구리가 없는 대신 야마네코(やまねこ)가 있다. 이는 우리의 삵(혹은 살쾡이, 고양잇과에 속하는 동물, 영어로는 Leopard Cat) 종류로 한반도와 중국에 분포하는 동물이다. 쓰시마 시의 시조는 고려 꿩(高麗キジ | 코라이키지)으로 이 역시 한반도와의 연관성을 보인다.

쓰시마는 나가사키 현에 속하지만 후쿠오카와 더 가깝다. 거기에 후쿠오카와의 거리 138km, 부산과의 거리 49.5km를 비교하면 대한민국과 훨씬 가깝다. 날씨가 좋으면 가미쓰시마의 전망대에서 부산이 보이며, 등산 중에 한국통신사의 전파가 잡힐 때도 있다. 동해안과 남섬의 서해안 일부를 제외한 섬 전역이 리아스식 해안이며 특히 대한해협 방향의 아소만은 일본 내에서도 절경으로 꼽힌다. 지형의 89% 이상이 산으로, 여전히 원시림을 간직하고 있고 따라서 평지가 적어 교통이 불편하다. 미쓰시마에 쓰시마 공항, 이즈하라에 이즈하라항, 가미쓰시마에 히타카츠항이 섬과 밖을 이어주고 있다.

쓰시마 시는 총면적 약 709㎢, 인구 약 3만 명 정도로 부산광역시의 면적 765.82㎢, 인구 약 355만 명과 비교하면 차이를 느낄 수 있다. 더불어 젊은 인구가 점점 줄어드는 고령화가 진행되고 있다.

> **Tip** 쓰시마로 출발 전 꼭 기억할 것!
>
> ❶ 부산에서 쓰시마로 가는 배편은 많지만 쓰시마 내의 숙소는 부족한 편이다. 1박 이상의 여행이라면 배편 예약보다 숙소를 먼저 찾아둘 것을 권한다.
> ❷ 생각보다 많은 곳에서 한국어를 발견할 수 있다. 식당이나 상점 등에는 한국어로 안내된 곳이 많다. 하지만 대부분의 쓰시마 사람들은 한국어를 잘 모른다. 더불어 영어는 잘 통하지 않으니 번역 애플리케이션을 사용하거나 기본적인 일본어 회화 등은 익히고 가는 게 좋다.
> ❸ 일부 한국인들의 여행 매너가 문제되고 있는데, 대표적으로 쓰레기 처리와 소음 문제. 주요 명소에서 한국어가 적힌 쓰레기가 아무 데나 버려진 모습을 볼 수 있다. 또한 쓰시마 주민들의 거주지에서 큰 소리로 소란을 피우는 등 다른 한국인들을 부끄럽게 만드는 행동도 보인다. 현지 주민과 다른 여행자를 불쾌하게 만드는 일은 절대 하지 말자.

Inside Tsushima 2

사계절과 여행 옷차림

지리적인 이유로 쓰시마의 사계절은 일본 본토보다 한국과 더 비슷하다. 여행 준비를 하면서 뭘 입어야 하나 고민하고 있다면 부산 날씨를 참고하면 좋다. 하지만 섬이라 바람이 강하게 불 때가 있고, 겨울이나 밤에는 기온보다 훨씬 춥게 느껴질 수 있다.

쓰시마의 사계절

봄
아시아 대륙으로부터 황사가 불어오고, 삼한사온 현상이 나타난다. 하지만 곳곳에 매화를 시작으로 벚꽃이 피어나 봄의 꽃놀이 여행을 부추긴다.

여름
장마가 있지만 한국보다는 시원한 편이라 캠핑을 즐기려는 레저 여행자의 발길이 이어진다. 곳곳의 캠핑장과 해수욕장, 공원 등에 쓰시마 주민을 비롯한 한국인 여행객들의 모습이 많이 보인다.

가을
가끔 태풍이 오기도 하며 강우량이 많지만, 10월부터는 여행을 즐기기 좋은 맑은 날이 많다. 가미쓰시마의 명소 슈시 단풍길(81p)은 울긋불긋 단풍이 들기 시작해 산책하기 좋고 시라타케(104p)를 비롯한 쓰시마의 여러 산을 찾는 등산객도 더 많아진다.

겨울
대륙으로부터 강한 계절풍이 불어와 추워지는데 바람이 강해서 실제 기온보다 더 춥게 느껴지기도 한다.

여행 옷차림 참고

12~2월
쓰시마의 겨울바람은 생각보다 매섭다. 춥지 않게 보온이 잘되는 옷을 준비하자.

3~5월
봄이 오고 있지만 밤이나 바람이 강하게 부는 날에는 기온보다 춥게 느껴질 수 있다. 따뜻한 겉옷을 준비한다.

6~8월
쓰시마의 여름은 비교적 선선하다. 30도가 넘지 않는 경우가 대부분이니 가벼운 겉옷을 준비하자.

9~11월
낮에는 따뜻하지만 밤에는 일교차가 있을 수 있다. 보온성을 고려한 늦가을의 옷을 준비하자.

Inside Tsushima 3
공휴일과 쓰시마 축제 캘린더

2018
2018년 기준, 파란색이 쓰시마 관련

1월	1월 1일 신정 1월 8일 성년의 날(1월 둘째 월요일)
2월	2월 12일 건국기념일 2월 25일 쓰쓰 붉은 쌀 제사(매년 음력 1월 10일)
3월	3월 21일 춘분
4월	4월 30일 쇼와의 날 4월 30일 이팝나무 축제
5월	5월 3일 헌법기념일 5월 4일 녹색의 날 5월 5일 어린이날
6월	6월 17일 패러글라이딩 쓰시마 대회 & 수국 축제
7월	7월 8일 쓰시마 국경마라톤 7월 15일 쓰시마 바다 카약 축제 7월 16일 바다의 날(7월 셋째 월요일) 7월 24일 이즈하라 지조봉* *예부터 진행되는 어린이를 위한 축제. 유카타를 입은 아이들이 대나무와 색종이로 장식된 동네 각지의 지장보살에 참배하고 어른들에게 과자를 얻음
8월	8월 4~5일 이즈하라항 축제(8월 첫째 토·일요일) 8월 11일 산의 날 8월 25일~9월 30일 쓰시마 아트 판타지아 2018
9월	9월 10일 와타즈미 신사 고식대제(음력 8월 1일) 9월 14일 해신 신사 대제(음력 8월 5일) 9월 17일 경로의 날(9월 셋째 월요일) 9월 24일 추분
10월	10월 6일 만송원 축제 10월 8일 체육의 날(10월 둘째 월요일) 10월 9일 하쓰우마 축제
11월	11월 3일 문화의 날 11월 23일 근로감사의 날
12월	12월 23일 일왕탄생일 (2018년은 24일 대체 휴일 지정)

Inside Tsushima 4
관광안내소와 영사콜센터

항구가 있는 이즈하라와 히타카츠에 관광안내소가 있다. 관광안내소에서는 한국어가 가능하니 여행을 시작하기 전 궁금한 것이 있다면 이곳에서 해결하고 출발하는 것이 좋다.

❶ 후레아이도코로 쓰시마

한국어로 만남의 장소라는 의미이며, 티아라 몰 맞은편에 있다. 쓰시마 전체를 안내하는 관광정보관으로 관광안내소와 특산품 판매점, 향토음식점 등이 함께 있는 복합공간이다. 코인 로커, 자전거 대여 등 여행자에게 필요한 서비스를 제공한다. 자유 여행자라면 꼭 들러볼 곳으로 쓰시마 주요 지역 정보, 안내 자료 등을 구할 수 있다. 한국어 소통이 가능하니 궁금한 것이 있으면 이곳에서 물어보자.

Address 厳原町今屋敷672-1　　　Access 이즈하라항에서 도보 13분
Open　08:45~17:30, 연말연시(12월 29일~1월 3일) 휴무
Tel　0920-52-1566
Mapcode 526 109 868

❷ 이즈하라국제터미널 내 관광안내소

입국 절차를 마치고 나와 만나는 건물 2층에 있다. 쓰시마 지도와 무료/유료 안내 자료 등을 찾을 수 있다. 선박 운항이 있는 시간에만 오픈하므로, 다른 시간에는 이즈하라 시내 티아라 몰 옆 후레아이도코로 쓰시마를 찾도록 하자.

Access 이즈하라항 입국 절차 후 나와서 만나는 건물 2층
Open　08:45~16:30, 선박 운항이 없는 날과 연말연시 등 휴무

❸ 히타카츠국제터미널 내 관광안내소

입국 절차를 마치고 나오면 1층 출구 옆에 보인다. 한국어 응대가 가능하며 쓰시마 지도와 무료/유료 안내 자료 등을 찾을 수 있다. 좌측에 몇몇 렌터카 회사의 픽업 전화기가 있다.

Access 히타카츠항 입국 절차 후 나와 1층 출구 옆
Open　08:45~17:30, 연말연시 휴무

❹ 영사콜센터

해외에서 긴급한 상황에 부딪힌 국민들에게 도움을 주기 위해 24시간 연중무휴 상담서비스를 운영한다. 일본 체류 중 신변안전과 관련한 사건·사고 발생 시 이용할 수 있다. 휴대폰 자동로밍일 경우 현지 입국과 동시에 자동으로 수신되는 영사콜센터 안내 문자에서 통화 버튼으로 연결이 가능하다.

Tel　유료 연결 +82-2-3210-0404
　　　무료 연결 010-800-2100-0404/1304,
　　　00531-82-0440

Tsushima Plan 1
당일치기 쇼핑 여행

당일치기 일정은 시간이 빠듯하니 너무 욕심부리지 말자. 히타카츠항과 이즈하라항은 차로 2시간 반 거리. 당일치기로 두 곳 모두 방문하는 것은 불가능하다. 더불어 돌아갈 때는 터미널 탑승수속을 위해 출발 1시간 전에는 도착하자.

Course 1. 이즈하라 IN/OUT

11:30 이즈하라항 도착
    ↓ 도보 10분(800m)
11:40 이즈하라 시내에서 점심식사
    ↓ 도보 8분(650m)
12:40 가네이시 성 정원,
    덕혜옹주 결혼 봉축 기념비 40p
    ↓ 관람 방향에 이어져 있음
13:00 만송원 43p
    ↓ 도보 8분(600m)
13:30 티아라 몰 쇼핑 68p
    ↓ 도보 13분(1km)
14:10 이즈하라항 도착

Course 2. 히타카츠 IN/OUT

10:30 히타카츠항 도착
    ↓ 도보 8분(650m)
11:00 히타카츠 식당 골목에서 점심식사
    ↓ 도보 6분(500m)
12:33 히타카츠 버스정류장 출발
    ↓ 히타카츠 순환선 버스 약 30분
13:02 오우라 도착
13:05 밸류 다케스에 오우라점 쇼핑 90p
14:07 오우라에서 버스 탑승
    ↓ 히타카츠 순환선 버스 약 20분
14:27 미우다 해수욕장 79p
14:50 나기사노유에서 콜택시 이용
    ↓ 콜택시 약 5분(2.7km)
15:00 히타카츠항 도착

Tsushima Plan 2

1박 2일 히타카츠-이즈하라 버스 여행

부산에서 더 가까운 히타카츠로 입항해 여행할 것을 권한다. 히타카츠와 이즈하라를 오가는 버스는 하루 5대로, 렌터카 여행보다 불편하긴 하지만 불가능하진 않다. 단, 사람이 붐비는 이즈하라 방면 16:36 버스와 히타카츠 방면 10:58 버스는 이용하기 불편할 수 있으므로 두 노선을 제외한 코스로 만들었다.

Day 1

- **10:30** 히타카츠항 도착
  ↓ 도보 13분(1km)
- **10:50** 카페 뮤에서 간단한 점심 87p
  ↓ 도보 1분(건너편)
- **11:25** 히타카츠 버스정류장 출발
  ↓ 버스 이동
- **13:56** 이즈하라 버스정류장 도착
  ↓ 도보 6분(440m)
- **14:02** 덕혜옹주 결혼 봉축 기념비 40p
  ↓ 도보 2분
- **14:20** 가네이시 성 정원 40p
  ↓ 도보 2분
- **14:40** 만송원 43p
  ↓ 도보 15분(850m)
- **16:10** 하치만구 신사 47p
  ↓ 도보 2분(120m)
- **16:40** 나카라이 도스이관 45p
  ※ 무가저택거리에 위치
  ↓ 도보 1분
- **17:10** 무가저택거리 48p
  ↓ 도보 7분(550m)
- **18:00** 이즈하라 중심가에서 저녁식사
  ↓ 도보 4분(300m)
- **19:00** 티아라 몰 쇼핑 68p
  이즈하라 숙박

Day 2

- **06:00** 기상
- **07:05** 이즈하라 버스정류장 출발
  ↓ 버스 이동
- **09:32** 히타카츠국제터미널 버스정류장 도착
  (코인 로커에 짐 보관)
  ↓ 도보 7분(500m)
- **09:40** 포에무 빵집 87p 혹은
  밸류 다케스에 히타카츠점 간식거리 90p
  ↓ 도보 2분
- **10:00** 친구야 & 키요 86p 혹은
  시마이 플라워숍 자전거 대여 166p
  ↓ 자전거 20분(3km)
- **10:30** 미우다 해수욕장 79p
  ↓ 자전거 2분
- **11:00** 나기사노유에서 온천 82p
  ↓ 자전거 20분(3km)
- **13:00** 히타카츠 식당 골목에서 점심식사
  ↓ 자전거 10분(1.8km)
- **14:30** 아지로의 연혼 & 하트스톤 81p
  ↓ 자전거 10분(1.8km)
- **14:50** 자전거 반납
  ↓ 도보 8분(550m)
- **15:00** 히타카츠항 도착

> 버스 시간표는 쓰시마 교통 사정에 따라 달라질 수 있으며, 아침 일찍 움직이는 일정에 피로할 수 있으니 여유롭게 여행하고 싶다면 히타카츠나 이즈하라 한 곳에 집중하는 것도 좋다.

Tsushima Plan 3
1박 2일 렌터카 여행

쓰시마는 차선이 좁고 산길이 많아 운전할 때 주의해야 한다. 더불어 밤에는 가로등이 없는 산길이 많고, 산에 사는 멧돼지나 사슴이 출몰하는 경우도 있어 각별히 유의해야 한다. 렌터카 이용 시 주의사항은 167p 참고.

Course 1. 한반도와 쓰시마 역사 여행 | 이즈하라 IN/OUT

Day 1

11:30	이즈하라 도착
	↓ 도보 10분(800m)
11:40	이즈하라 시내에서 점심식사
	↓ 도보 8분(650m)
12:40	가네이시 성 정원 40p 과 조선통신사의 비 41p
	↓ 도보 15분(400m+a)
13:30	시미즈 산 성터 42p
	↓ 도보 20분(900m+a)
14:30	서산사 유스호스텔 69p
	↓ 도보 25분(1.5km)
15:00	이사리비 공원 46p
	↓ 도보 15분(950m)
16:30	국분사 44p
	↓ 도보 5분(350m)
17:00	나카라이 도스이관 45p
	↓ 도보 6분(550m)
18:00	이즈하라 시내에서 저녁식사 이즈하라 숙박

Day 2

08:00	조식
09:00	렌터카 수령
	↓ 차로 28분(17km)
09:30	만관교 100p
	↓ 차로 5분(750m)
10:00	만제키 전망대 101p
	↓ 차로 12분(6km)
10:30	매림사 103p
	↓ 차로 3분(450m)
10:50	니시노코이데 103p
	↓ 차로 35분(22.6km)
11:25	이즈하라 렌터카 반납 후 점심식사 이즈하라항

Course 2. 쓰시마 만끽 여행 | 히타카츠 IN/이즈하라 OUT

Day 1

- 10:40 히타카츠 도착, 렌터카 수령
  ↓ 차로 17분(10.8km)
- 11:00 소바도장 아가타노사토에서 점심 141p
  ↓ 차로 17분(7.3km)
- 12:30 이국이 보이는 언덕 전망대 139p
  ↓ 차로 1시간 20분(34.7km)
- 14:30 해신 신사 128p
  ↓ 차로 45분(20.7km)
- 16:00 에보시다케 전망대 118p
  ↓ 차로 5분(1.6km)
- 16:30 와타즈미 신사 119p
  ↓ 차로 18분(10.5km)
- 18:00 우미고야 요시에이에서 저녁 122p
  도요타마 숙박

Day 2

- 08:00 조식
  ↓ 차로 23분(16km)
- 10:00 만관교 100p
  ↓ 차로 32분(14km)
- 11:00 가미자카 공원 49p
  ↓ 차로 18분(9.3km)
- 11:30 이즈하라 시내에서 점심식사
  ↓ 도보 4분(300m)
- 13:00 이즈하라 티아라 몰 쇼핑 68p
- 14:30 이즈하라 출국 1시간 30분 전 렌터카 반납
  이즈하라항
  ※ 픽업과 반납을 다른 곳에서 할 수 있는 렌터카 업체가 많지 않으니 주의!

Tsushima Plan 4

2박 3일 부모님과 함께 휴양 여행
히타카츠 IN/OUT

부모님과 함께라면 신경 쓸 부분이 많아진다. 교통은 렌터카를 이용하고, 숙소와 함께 반드시 예약할 것을 추천한다. 쓰시마로 향하는 배편은 많지만, 숙소와 렌터카는 넉넉하지 않다. 쓰시마 그랜드 호텔은 쓰시마에서 가장 고가로 호텔 내, 그리고 바로 앞에 타마노유라는 온천시설이 있는 것이 장점. 낚시를 즐긴다면 선상 낚시 프로그램을 예약하는 것도 좋겠다.

Day 1

- **10:40** 히타카츠 도착, 렌터카 수령
  ↓ 도보 8분(650m)
- **11:00** 히타카츠 식당 골목에서 점심식사
  ↓ 차로 18분(8.2km)
- **12:00** 한국전망대(조선국 역관사 순난비) 78p
  ↓ 차로 1시간 8분(42.7km)
- **14:00** 미네 만 선상 낚시 체험(여름·가을 4시간 코스)
- **18:00** 선상 낚시 후 저녁식사
  ↓ 차로 7분(2.2km)
- **19:00** 호타루노유에서 온천 130p
  ↓ 차로 53분(37.6km)
- 쓰시마 그랜드 호텔 숙박 113p

Day 2

- **08:30** 조식
  ↓ 차로 8분(3.3km)
- **10:30** 쓰시마 그린파크, 해변 산책 98p
  ↓ 차로 7분(3.8km)
- **11:00** 로와루에서 점심 106p
  ↓ 차로 11분(6.3km)
- **13:00** 아리아케 등산(2시간~2시간 30분) 42p
  ↓ 차로 7분(2.3km)
- **16:00** 이사리비 공원, 족욕탕 46p
  ↓ 차로 6분(1km)
- **18:00** 이즈하라 시내에서 저녁식사
  이즈하라 숙박

Day 3

- **08:30** 조식
  ↓ 차로 57분(39.7km)
- **10:30** 이예 공적비가 있는 원통사 129p
  나가도메카시텐에서 다이야키 131p
  ↓ 차로 2분(1.4km)
- **11:00** 다이렉스 쓰시마점 쇼핑 131p
  ↓ 차로 1시간(37.2km)
- **13:30** 히타카츠 식당 골목에서 점심식사
- **14:30** 히타카츠 출국 1시간 30분 전 렌터카 반납
  히타카츠항

Tsushima Plan 5

2박 3일 아이와 체험·역사 여행
히타카츠 IN/OUT

쓰시마는 아이들이 자연 속에서 뛰어놀 수 있는 공원, 해변, 캠핑장 등의 시설이 많아 아이와 함께 여행하기 좋다. 더불어 역사 교과서가 살아난 듯한 명소들을 마주할 수 있어 여행 이상의 것을 얻어 갈 수 있다. 또한 야마네코와 다이슈바를 직접 만나 가까이서 교감하는 것은 아이들뿐 아니라 어른들도 흥미로운 경험이 될 것이다.

Day 1

- **10:40** 히타카츠 도착, 렌터카 수령
  ↓ 차로 1~2분
- **11:00** 친구야 & 키요에서 쓰시마버거 점심 86p
  ↓ 차로 57분(23.7km)
- **13:00** 쓰시마 야생생물 보호센터 136p
  ↓ 차로 1시간 9분(20km)
- **15:00** 메보로댐 승마공원에서 승마 체험 158p
  ↓ 차로 45분(28.5km)
- **17:00** 사이키 밸류 마트 도요타마점 쇼핑 123p
  ↓ 차로 8분(2.9km)
- **18:00** 신화의 마을 자연공원 캠핑장에서 바비큐 저녁
  캠핑장 숙박 155p

Day 2

- **08:30** 조식
- **09:30** 신화의 마을 자연공원 시 카약 체험
  ↓ 차로 6분(1.6km)
- **11:00** 에보시다케 전망대 118p
  ↓ 차로 5분(1.6km)
- **12:00** 와타즈미 신사 119p
  ↓ 차로 6분(2.6km)
- **13:00** 붕장어 전문점 아나고테이에서 점심 121p
  ↓ 차로 22분(13.8km)
- **14:30** 이예 공적비가 있는 원통사 129p
  나가도메카시텐에서 다이야키 131p
  ↓ 차로 24분(17.4km)
- **16:00** 긴의 장수은행나무 82p
  ↓ 차로 10분(5.1km)
- **17:00** 슈시 단풍길 81p
  ↓ 차로 24분(13km)
- **18:00** 히타카츠 식당 골목에서 저녁식사
  히타카츠 숙박

Day 3

- 08:00 조식
  - ↓ 차로 8분(2.4km)
- 09:00 미우다 해수욕장 `79p`
  - ↓ 차로 17분(7.8km)
- 10:00 한국전망대(조선국 역관사 순난비) `78p`
  - ↓ 차로 11분(4.9km)
- 11:00 밸류 다케스에 오우라점 쇼핑 `90p`
  - ↓ 차로 7분(4km)
- 13:00 히타카츠 식당 골목에서 점심식사
- 14:30 히타카츠 출국 1시간 30분 전 렌터카 반납
  히타카츠항

Tip 패키지 여행 vs 자유 여행

몇 년 전까지만 해도 쓰시마는 패키지 여행이 대세였지만 부산에서 쓰시마로 향하는 배편이 많아지면서 자유 여행이 점점 늘어 가는 추세다. 패키지 여행과 자유 여행은 장단점이 다르므로 여행 스타일에 따라 선택할 것을 권한다.

고민 없이 편하게 이동하고 싶다면 패키지 여행

배편과 숙박, 교통과 스케줄까지 잘 짜인 패키지 여행은 예약을 비롯해 여행 준비가 수월한 장점이 있다. 한국어와 일본어 소통이 가능한 가이드가 있고, 스케줄대로 편하게 이동하며 여행할 수 있다. 숙박과 배편 역시 크게 고민할 필요가 없다. 대신에 단체 이동으로 인한 부자유가 크다. 여행 준비 시간이 부족하고, 일본어에 부담이 있다면 패키지 여행을 추천한다.

마음대로 하고 싶은 여행을 만드는 자유 여행

자유롭게 스스로 여행을 준비하고 싶다면 자유 여행이 좋다. 배편부터 숙박, 교통과 스케줄 등 모든 것을 하나씩 준비해야 하지만 여행은 준비할 때가 가장 즐거운 법. 하고 싶은 여행을 만들 수 있다는 것이 큰 장점이다. 시간 여유가 있고, 자유로운 여행을 즐긴다면 자유 여행을 추천한다.

부모님과 함께 or 아이와 함께라면?

부모님을 모시고 혹은 아이를 동반한 여행이라면 배편과 숙소 그리고 렌터카를 예약한 후 자유 여행을 추천한다. 코스 예시처럼 2박 3일 혹은 1박 2일의 일정을 정한 뒤 교통과 숙소를 포함한 상품을 찾아보자. 부모님과 함께하는 여행에는 온천과 휴양을 중심으로, 아이와 함께하는 여행에는 다양한 체험을 넣어 일정을 계획하면 좋다.

Izuhara 이즈하라

Intro

厳原
이즈하라

1,300년 역사를 가진 이즈하라는 7세기부터 쓰시마 국의 관청이 설치된 행정, 문화의 중심지였다. 후추府中라고도 불렸고, 메이지유신 이후 이즈하라厳原로 명칭이 변경되었다. 에도시대에는 막부로부터 쓰시마 번주 소宗 가문이 10만 석의 재력을 가진 번으로 인정받기도 한다. 당시로는 상당히 높은 지위로 과거 쓰시마의 영향력을 가늠해볼 수 있다. 쓰시마 번은 조선시대 외교사절단 '조선통신사'가 지금의 도쿄인 에도江戶로 향하는 긴 여정에 안내와 호위를 맡았다. 당시 쓰시마는 조선과의 문화, 무역 창구의 역할을 담당했는데 그 중심이 이즈하라다.
이즈하라항(국제터미널)에서 도보로 10분이면 후레아이도코로 쓰시마(관광안내소)와 티아라 몰이 있는 이즈하라 중심가에 도착할 수 있다. 이 중심가를 가로지르는 왕복 2차선의 도로(이즈하라 우체국에서 세무서까지)는 예전 조선통신사를 맞이하기 위해 정비했던 바바스지도로馬場筋通り로 현재까지 사용되고 있다.

조선에서 일본을 향했던 통신사는 임진왜란을 기준으로 전기와 후기로 나뉜다. 통신사 명칭이 처음 나타난 것은 1413년(태종 13)이며, 1428년(세종 10)부터 본격적인 조·일 양국 간의 우호교린의 상징으로 파견되기 시작하였다. 조선 전기의 경우 왜구 문제를 해결하기 위함이 주목적이었으나 후기에는 전쟁 후 강화 교섭과 동포 소환, 국정 탐색 등 정치·외교적인 목적이 컸다. 하지만 조선 후기 일본으로부터 일본국왕사의 조선 파견은 금지된다.
후기의 조선통신사는 1607년부터 1811년까지 12회에 걸쳐 일본을 방문하는데 약 450명 내외의 대규모 사절단이었다. 부산에서 출발, 쓰시마를 거쳐 지금의 도쿄인 당시 에도까지 왕복 6개월이 걸리는 길고 험난한 여정을 오갔다. 날씨가 흐리고 대한해협의 파도가 높은 날 쓰시마를 가기 위해 배를 타보면 그 옛날 선조들의 고충을 아주 조금이나마 느낄 수 있다. 육체적으로나 정신적으로 상당한 에너지가 필요했을 것이다.
쓰시마 이즈하라의 바바스지도로는 현재 왕복 2차선으로 당시에는 상당히 넓은 도로였다. 이 길이 시작되는 지점, 이즈하라 우체국 건물에는 부산 영도 우체국과 자매 우체국이라는 안내문을 찾을 수 있다. 이즈하라 곳곳에서 조선통신사를 비롯해 다양한 교류의 흔적을 발견할 수 있다.

Walking Courses

이즈하라는 느긋하게 산책하기 좋은 곳이다. 천천히 걸음을 옮기며 구석구석 숨어 있는 역사적 명소와 소박하고 수수한 작은 골목길을 찾아보자. 단, 이즈하라 주민들이 살고 있는 생활터전이므로 조용하게 즐기는 여행자의 매너를 잊지 말자.

1시간 코스
티아라 몰 68p
↓ 도보 4분
조선통신사의 비 41p
↓ 도보 3분
덕혜옹주 결혼 봉축 기념비 40p
↓ 도보 2분
가네이시 성 정원 40p
↓ 도보 2분
만송원 43p

2시간 코스
티아라 몰 68p
↓ 도보 25분
이사리비 공원 46p
↓ 도보 20분
국분사 44p
↓ 도보 5분
나카라이 도스이관 45p

3시간 코스
티아라 몰 68p
↓ 도보 4분
조선통신사의 비 41p
↓ 도보 30분
시미즈 산 성터 42p
↓ 도보 30분
하치만구 신사 47p
↓ 도보 2분
나카라이 도스이관 45p
↓ 도보 1분
나카무라 무가저택거리 48p
↓ 도보 5분
미야다니 무가저택거리 48p
↓ 도보 2분
고려문 47p

Map Info
- 바바스지도로(24번 국도)와 382번 국도를 제외하면 작은 골목길이다.
- 이즈하라항 → 나카라이 도스이칸 : 약 1.2km, 도보 16분 거리

호텔 미츠와칸
ホテル美津和館

비스트로 판타카
ビストロ パンタカ

서산사 유스호스텔
宿坊対馬西山寺

마루야 호텔
丸屋ホテル

구타 방면

시마모토
志まもと

오징어
회전 건조대

카페 츠무기
紬

스시야
すしやダイケー

테랏치
てらっ家

이즈하라항
방향

호텔 금석관
ホテル金石館

츠타야 호텔
ツタヤホテル

마메다
豆理

친구야
ちんぐ屋

메시
めし

순사이 와라쿠
旬彩和らく

주유소

쓰시마버거 키요
対馬バーガー KiYo

오렌지 민숙
民宿オレン

이즈하라 중심가

수선사
(최익현 순국비)
修善寺

이사리비 공원
방향

Sightseeing ★★★

덕혜옹주 결혼 봉축 기념비 德惠翁主結婚奉祝之碑

쓰시마 번주였던 소 다케유키宗 武志 백작과 고종황제의 딸인 덕혜옹주의 결혼을 기념해 1931년 세운 기념비다. 1955년 두 사람의 이혼 후 철거되었다가 2001년 11월 복원되었다. 쓰시마 번주와의 결혼으로 이즈하라에 기념비가 있을 뿐 덕혜옹주는 주로 도쿄에서 생활했다.

고종황제의 총애를 받던 덕혜옹주였지만, 어린 시절 일본으로 강제 유학을 가는 등 어려운 삶을 살았다. 신경쇠약과 정신이상 증세 등의 병을 앓았고 결국 이혼당했다. 두 사람 사이에는 마사正惠라는 딸이 있었는데, 부모의 이혼 후 1956년 유서를 남긴 채 실종되었다. 실종신고 후 7년이 지나서도 생존 흔적을 발견하지 못하여 사망 처리되었다. 어려운 삶을 이어갔던 덕혜옹주의 슬프고 안타까운 이야기는 문학 작품으로 탄생하기도 했다. 2016년 여름에는 영화 〈덕혜옹주〉가 개봉하였다.

Address 厳原町今屋敷668-1
Access 티아라 몰에서 도보 5분
Mapcode 526 109 894

Sightseeing ★★☆

가네이시 성 정원 旧金石城庭園 | 큐가네이시죠테엔

17세기 후반 쓰시마 번주 저택이었던 가네이시 성 정원의 유적을 1997년부터 발굴 조사해 복원하였다. 시기로는 근세 정원에 속하지만 일본 본토의 정원과는 다른 디자인과 구조적 특징이 있어 가치가 있다. 쓰시마의 하얀 흙이 사용된 외장 마무리와 북서쪽 산기슭에서 솟은 물을 동쪽 수로로 배수시키는 수로 구조가 주목할 만하다. 더불어 연못 가운데 인공 섬 주위로 작은 자갈을 깔아 쓰시마의 바닷가를 표현한 듯 보이는 디자인도 독특하다.

입장료가 있는 유료 사적으로 고즈넉한 일본 정원을 즐기고 싶은 이들에게 추천한다. 관람객이 많지 않아 조용하게 천천히 둘러볼 수 있다는 것도 장점이다. 정원을 가꾸는 중에는 티켓 부스에 아무도 없을 수 있다. 앞에 놓인 벨을 눌러 관리자를 만나 티켓을 구매하자.

Address 厳原町今屋敷670-1
Access 티아라 몰에서 도보 6분
Open 09:00~17:00, 화요일 휴무
Cost **개인** 성인 300엔, 초·중학생 100엔
단체(10명 이상) 성인 240엔, 초·중학생 80엔
Tel 0920-52-1566
Mapcode 526 109 894

Sightseeing ★★★

③
쓰시마 역사민속자료관 & 조선통신사의 비
対馬歴史民俗資料館 & 朝鮮国通信使之碑

큰 규모는 아니지만 나가사키 현립 박물관으로 의미 있는 곳이다. 1978년 12월 개관. 쓰시마의 국가 중요문화재인 '쓰시마 소(宗)가 문서' 8만 점과 고고ㆍ민속ㆍ역사자료 약 100여 점을 전시하고 있다. 특히 16.58m의 두루마리 형태의 통신사행렬도와 고려판 대반야경 등 우리와 관련된 유물도 보관하고 있다. 아쉽게도 2020년 새로운 박물관을 개관할 예정으로 2017년 4월부터 휴관 중이다.

쓰시마 역사민속자료관 앞에는 조선통신사의 비가 서 있다. 이 비는 쓰시마가 통신사의 섬임을 알려준다. 이웃한 나라와 좋은 관계를 유지하려는 선린외교(善隣外交)를 위한 한일 양국 간 노력의 흔적을 발견하는 자리다. 이즈하라항 터미널 건물 2층에는 통신사행렬도의 복사본이 전시돼 있다. 17~18세기에 제작된 이 행렬도는 두 개로 나누어져 있으며 쓰시마를 방문한 통신사와 그를 호위하는 사람들의 모습을 재현해 놓았다.

Address 厳原町今屋敷668-1
Access 이즈하라항에서 도보 14분. 티아라 몰에서 도보 4분
Open 2020년 개관 예정으로 2017년 4월부터 휴관
Tel 0920-52-3687
Mapcode 526 109 894

Writer's Pick
조선통신사의 비 이전

쓰시마 역사민속자료관은 2017년 4월부터 새로운 박물관 개관을 위해 잠정 휴관 상태이다. 개관 예정은 2020년이며, 이 기간 동안 자료관 이용이 중단된다. 또한 새로운 박물관 건립 공사를 위해 이 일대의 일반인 출입이 제한된다. 더불어 이 구역에 있던 조선통신사의 비와 성신교린비를 이전하며, 그에 따라 2018년 2월 1일부터 관람이 제한되고 있다. 새로운 민속자료관 개관에 맞춰 이전 후 설치, 일반인에게 공개될 예정이다.

조선통신사의 비

진정으로 믿음을 갖고 교류한다는 성신지교린의 비

Sightseeing ★★☆

④ 시미즈 산 성터 & 아리아케 산 清水山城跡 & 有明山

등산을 좋아한다면 이즈하라 시내에서 가장 가까운 아리아케 산을 추천한다. 해발 558m, 2~3시간 코스로 평소에 등산을 즐기는 사람이라면 산책할 겸 쉽게 둘러보기 좋다. 아리아케 산을 오를 때 시미즈 산 성터를 함께 들를 수 있다. 이곳은 1591년 도요토미 히데요시가 임진왜란을 준비하며 축조한 성터로 현재는 일부 돌담만이 남아 있다. 등산 초보자도 시미즈 산 성터의 니노마루나 산노마루까지는 갈 수 있을 듯하다. 날이 좋을 때 위에서 보는 이즈하라 전망이 아름답다. 렌터카 여행자는 티아라 몰에 유료 주차를 이용하자. 또한 현지인이 생활하고 있는 거주지를 지날 때는 조용히, 여행자의 매너를 지키자.

Address 厳原町西里
Access 티아라 몰 뒤, 쓰시마 역사민속자료관에서 시미즈 산 성터 안내판을 따라 도보 20분. 정상 등반까지 2시간~2시간 반 정도 소요
Web yamap.co.jp/activity/150829
Mapcode 526 139 089 티아라 몰

Tip 이즈하라 티아라 몰 유료 주차 이용 팁!
렌터카 여행자가 아리아케 산을 등산하거나, 이즈하라의 작은 골목길을 잠시 산책하고 싶을 때 티아라 몰 지하의 유료 주차장을 이용하면 좋다. 150대를 주차할 수 있는데, 상품 구입 여부와 상관없이 90분 무료 이후 30분마다 50엔이 추가되어 저렴하고 편리하다.

쓰시마 역사민속자료관 오른쪽 길에서 출발. 시미즈 산 성터 안내판을 따라간다.

성터로 향하는 돌계단을 올라간다.

현지인 거주지를 지나므로 조용히 가자.
입구부터 니노마루까지는 약 300m

니노마루에서 본 이즈하라 풍경

Sightseeing ★★★

❺ 만송원 万松院 | 반쇼인

가나자와 시의 마에다前田 번묘지, 하기 시의 모리毛利 번묘지와 함께 일본의 3대 묘지로 꼽히는 명소로 현재 일본 국가 사적이다. 사원과 묘지를 관람할 수 있는데, 사원은 1615년 2대 번주 요시나리義成가 아버지 요시토모義智를 기리기 위해 건립했다. 안에는 조선 왕실에서 하사한 삼구족(三具足 | 미쯔구소쿠)이 진열되어 있는데 이것은 공양을 드릴 때 사용하는 향로, 꽃병, 촛대이다. 또한 도쿠가와 이에야스 집안의 위패가 있는 것도 흥미롭다. 도요토미 히데요시의 임진왜란으로 더는 조선과 무역할 수 없던 쓰시마 주민들은 어려운 생활을 이어나갔다. 이에 일본 전국을 통일한 도쿠가와 이에야스가 조선과 다시 관계를 맺어 조선통신사를 초청할 수 있도록 지원하였고, 그에 대한 감사의 의미로 그 집안 위패를 모시게 되었다고 한다.

사원을 돌아 132개의 돌계단 하쿠간기百雁木를 오르면 묘지가 보인다. 역대 쓰시마 번주와 그 일족의 묘지로 규모가 상당하다.

Address	厳原町西里192
Access	티아라 몰에서 도보 8분
Open	08:00~18:00(12~2월 17:00까지), 무휴
Cost	성인 300엔
Tel	0920-52-0984

Mapcode 526 139 100

도쿠가와 이에야스 집안 위패가 있는 방

조선 왕실에서 하사한 삼구족

복 모양의 돌 칸코는 우리의 신문고와 같은 역할을 했다.

만송원 축제에는 돌계단 양쪽에 촛불이 켜지는 장관이 펼쳐진다.

천 년이 넘은 삼나무 세 그루가 묘지를 지키고 있다.

Sightseeing ★★☆

수선사(최익현 순국비) 修善寺 | 슈젠지

백제의 비구니가 지었다고 전해지는 절이다. 최익현 순국비가 있어 한국인 여행자가 많이 찾는다. 최익현은 조선 후기 유학자이자 지사다. 불의와 부정을 척결하고자 노력했고 흥선대원군과 대립하다 관직을 빼앗겼다. 또한 일본과의 통상조약 및 단발령 반대, 친일파 처단 요구 등을 주장하기도 했다. 을사늑약 체결 후에는 항일의병운동을 벌이다 쓰시마 섬으로 유배되었다. 적이 주는 음식을 먹을 수 없다며 쓰시마에서 단식을 하는 등 애국지사의 모습을 보였다. 그의 장례가 이곳 수선사에서 치러졌고 1986년 한일 양국의 유지들이 비를 세웠다.

Address 厳原町大手橋1107
Access 티아라 몰에서 도보 6분
Tel 0920-52-1274
Mapcode 526 139 089 티아라 몰

> **Notice! 수선사 관람 불가**
> 2017년 11월 쓰시마 부산사무소에서 앞으로 수선사 관람이 불가하다는 소식을 전했다. 수선사는 개인 소유의 절인데, 현재 주지 스님이 계시지 않은 이유로 일반인의 출입이 불가능하다고 알려온 것. 관람 재개 여부는 알 수 없으며, 이에 따라 경내에 있는 최익현 순국비 역시 관람할 수 없게 되었다.

Sightseeing ★★☆

국분사 国分寺 | 고쿠분지

마지막 조선통신사가 머물렀던 객사로 알려진 곳이다. 1811년 조선통신사를 맞이하기 위해 개축했던 것을 해체했고 현재는 부지만 남아 있다. 하지만 국분사 입구의 산문(절의 바깥문)은 에도시대 그대로의 것으로 세월의 흐름이 충분히 느껴진다. 문을 지나면 본당 옆으로 납골당이 보인다. 이곳에 을사늑약을 강요한 이토 히로부미의 통역사이자 조선 왕족을 관리하던 이왕직 차관 등으로 활동한 고쿠분 쇼타로의 묘지가 있다. 그는 1921년 사망하였는데 묘지에는 매국노 이완용이 그의 죽음을 애도하며 쓴 비문이 있다.

Address 厳原町天道茂480
Access 티아라 몰에서 도보 5분
Tel 0920-52-1243
Mapcode 526 139 089 티아라 몰

국분사의 입구 산문은 에도시대 그대로의 것이다.

바다에 기대 살아가는 쓰시마 사람들은 지장보살에 안전을 빌었다.

Sightseeing ★★☆

나카라이 도스이관 半井桃水館 | 나카라이토스이칸

쓰시마 출신의 기자이자 작가였던 나카라이 도스이 생가에 세워진 기념관이다. 그는 부산의 왜관에서 의사로 상주하던 아버지를 따라 한국에서 소년기를 보내며 한국어를 배웠다. 기자가 된 후 부산과 서울로 파견되기도 했으며, 1882년에는 『춘향전』을 번역하여 일본에 소개해 좋은 반응을 얻었다.
이곳 기념관은 나카라이 도스이에 대한 전시, 지역 주민을 위한 교류와 휴식의 장소로 사용되고 있다. 기모노 체험과 다도 체험 등 여행자에게 다양한 서비스를 제공하기도 한다. 한쪽에는 갤러리 카페 만마야(59p)가 있어 잠시 쉬어 가기 좋다.

Address	嚴原町中村584
Access	티아라 몰에서 도보 5분
Open	09:00~18:00, 화요일 휴무
Cost	관람 무료
Tel	0920-52-2422
Mapcode	526 140 366

Writer's Pick 나카라이 도스이와 5,000엔의 그녀

2004년 일본 지폐에 처음으로 여성의 초상이 들어가는데 그 주인공이 5,000엔 속의 히구치 이치요樋口奈津다. 그녀는 16세에 아버지를 여의며 가장이 되었고, 정혼자에게 파혼당하는 등 안타까운 삶을 살았다. 소설을 쓰기로 한 후 나카라이 도스이의 문하에 들어가 가르침을 받았다. 1896년 「키 재기」 등의 작품이 호평을 받으며 주목받았으나, 그해 과로로 인한 폐결핵 악화로 24세의 짧은 생을 마감한다. 그녀는 당대 여성 소설가들과는 다르게 여성들의 삶과 고민을 작품 속에 녹였고, 작품들은 그녀의 죽음 뒤에 더 사랑받게 된다.
사후 공개된 그녀의 일기를 통해 나카라이 도스이의 문학 지도가 큰 영감을 준 것으로 전해졌고, 더불어 그녀가 나카라이 도스이를 연모했던 것도 알려졌다.

Sightseeing ★★☆

방화벽 防火壁 | 보우카헤키

이즈하라 골목에는 집의 담장보다 더 두꺼운 돌담이 곳곳에 남아 있다. 에도 시대 이즈하라에는 처마와 처마가 붙어 있을 정도로 집 사이가 가까워서 불이 나면 피해가 컸다. 일본식 목조건물로 지어진 집들은 연쇄 화재로 이어졌는데 1659년에는 1,000채 이상이 불타는 대화재가 발생하기도 했다. 1841년 화재 대비책으로 방화벽 만들기에 돌입했고, 그 흔적을 지금까지 만나볼 수 있다. 나카라이 도스이관 주변이나 이즈하라 우체국 뒤편 등에 오리지널 방화벽이 남아 있다.

Address 厳原町中村
Access 티아라 몰에서 도보 5분
Mapcode **526 139 089** 티아라 몰

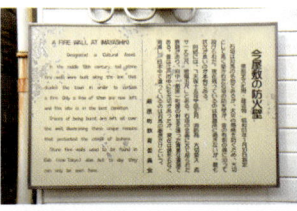

Tip 오리지널 방화벽 찾기!
두꺼운 돌담이라고 해서 모두 예전의 방화벽은 아니다. 이즈하라 골목을 천천히 걸으며 콘크리트로 마감된 부분이 없는 옛 모습 그대로의 오리지널 방화벽을 찾아보자.

Sightseeing ★★☆

이사리비 공원 漁火公園 | 이사리비코엔

언덕 위에 자리해 바다와 하늘이 파노라마처럼 펼쳐지는 공원이다. 이즈하라에서 도보 15~20분이면 갈 수 있으니 산책 겸 다녀오기도 좋다. 이사리비란 고기잡이배의 등불이나 횃불을 말한다. 밤이면 이 언덕에서 오징어 낚싯배가 반짝이는 광경을 볼 수 있어 이러한 이름이 붙었다. 공원에는 4월부터 11월까지 무료로 이용 가능한 족욕탕이 있다.

Address 厳原町東里223
Access 이즈하라항에서 차로 7분.
        티아라 몰에서 도보 20분
Mapcode **526 140 269**

겨울에는 족욕탕을 이용할 수 없다. / 족욕탕에서 바다 풍경이 보인다.

Sightseeing ★★☆

⑪
고려문 高麗門

조선통신사 사절단이 쓰시마 번주 관사로 드나들기 위해 만든 출입문으로 고려문이라 이름을 붙였다. 2014년 전까지 가네이시 성터 부근에 있었으나, 원래 있었던 자리인 히요시日吉로 이전했다.

Address 嚴原町日吉238
Access 티아라 몰에서 도보 10분
Mapcode 526 140 843

Tip 걸어서 고려문 찾기!
고려문 안쪽에는 이즈하라유치원嚴原幼稚園이 있으므로 구글맵 등을 이용해 이즈하라유치원을 목적지로 두고 찾아가면 쉽다. 건너편에 맛있는 빵집 루팡(56p)이 있고, 히타카츠 방향으로 계속 걸으면 와타나베과자점(56p)이 나온다.

Sightseeing ★★☆

⑫
하치만구 신사 八幡宮神社

티아라 몰에서 가까운 신사로 접근성이 좋아 인기 있는 장소다. 다만 이 안에 과거 일본이 한반도를 지배했다는 임나일본부설(任那日本府說)의 근거로 제시한 진구황후神功皇后를 모신 신사도 있다는 것은 알고 가자. 이 가설은 우리에게 유쾌하지 않은 이야기로, 한일학자들에 의해 설득력이 떨어진다는 결론을 얻었다. 진구황후가 하치만구를 세웠다고 전해지며 하치만신八幡神은 일본의 대표적인 신 중 활과 화살의 신으로 알려졌다. 때문에 예로부터 무사들이 숭배하는 신이었고, 이 신을 모시는 하치만구는 일본 전역에 4만여 개가 넘게 존재한다.
신사 입구에 신사를 지키고 있는 개와 닮은 조각상은 고려견(高麗犬 | 고마이누)이라 불리며, 한반도에서 전해져 쓰시마를 비롯한 일본 전역에 시대와 지역에 따라 다양한 모습으로 남아 있다. 매년 음력 8월 15일에는 이즈하라 하치만구대제 행사가 진행된다.

Address 嚴原町中村645
Access 티아라 몰에서 도보 3분.
하치만구 신사 앞 주차장 유료
Tel 0920-52-0073
Mapcode 526 140 240

Writer's Pick
여행 가기 전 역사도 찾아보자!
진구황후는 일본 고대 전설의 인물로 그녀가 소국인 임나(任那)라는 나라를 정벌했다는 설화가 전해진다. 이 임나국이 어디인가를 두고 일본의 역사왜곡이 있었다. 더 의미 있고 알찬 여행을 위해 관련된 내용을 찾아보자.

Sightseeing ★★★

무가저택거리 旧武家屋敷町 | 큐부케야시키마치

나카라이 도스이관이 있는 나카무라中村 지구와 나카무라 지구에서 조금 떨어진 미야다니宮谷 지구에는 무가저택거리가 있다. 이는 에도시대 무사들의 가옥이 있던 곳으로 오래된 집과 돌담이 옛 모습을 그대로 간직하고 있다. 산책하기 좋고, 친구나 커플 여행자들은 함께 사진 찍기에도 좋은 곳이다. 단, 지역 주민이 사는 생활터전이니 조용히 다니도록 하자.

Address 厳原町中村580
Access 티아라 몰에서 도보 5분
Mapcode 526 139 089 티아라 몰

Tip 기모노 체험
알록달록 화려한 색의 기모노와 오래된 이즈하라의 거리는 제법 잘 어울린다. 특히 무가저택거리는 고즈넉한 돌담이 이어진 골목길로, 기모노를 입고 사진을 남기기에 안성맞춤인 장소다. 무가저택거리의 나카라이 도스이관에서 기모노 체험을 할 수 있으며, 대여 시간은 30분. 연장도 가능하다. 체험을 신청하면 기모노와 액세서리 착용을 도와주신다.
Access 나카라이 도스이관 (45p)
Cost 30분 1,000엔

Writer's Pick 나카무라 지구의 동상은 누구?
나카무라 지구 한쪽, 작은 공터에 눈에 띄는 동상이 있다. 바로 쓰시마 초대 번주 소 요시토시宗義智다. 도요토미 히데요시의 조선 침략에 반대했지만, 결국 전쟁의 선봉이 되어 평양성까지 전쟁을 이끈 인물 중 하나다. 전쟁 후 말년에는 도쿠가와 이에야스로부터 악화된 조선과의 관계를 회복하라는 명령을 받아 조선과 기유약조(己酉約條)를 맺는다. 이후 조선과의 무역 독점권을 획득해 소 가문은 큰 부자가 된다.

Sightseeing ★★☆

오우라 해수욕장 尾浦海水浴場

이즈하라에서 차를 타고 남쪽으로 약 15분 달리면 작지만 귀여운 해변 마을 오우라가 나온다. 몽돌 자갈밭 해수욕장으로 쓰시마 내에서도 수질이 매우 깨끗한 것으로 유명하다. 뒤편에 캠핑장 아오시오노사토青潮の里가 있어 여름엔 나들이 장소로도 좋다. 하지만 겨울엔 조금 쓸쓸한 느낌. 도보 여행자는 이즈하라에서 버스 타고 반나절 코스로 다녀오기 좋다. 점심용 도시락을 사들고 떠나보자. 작은 해변 반나절 코스(151p) 참고.

Address 厳原町尾浦24
Access 이즈하라항에서 차로 15분. 버스 탑승 시 이즈하라·히타카츠선 오우라尾浦 하차 후 도보 2분
Mapcode 850 589 368

Sightseeing ★★☆

가미자카 공원 上見坂公園

이즈하라와 미쓰시마의 경계에 있는 공원이다. 공원 전망대에서는 아소만 풍경을 감상할 수 있고, 날씨가 좋으면 한국까지 보인다. 쓰시마의 다른 전망대에 비해 시야가 좀 좁은 편이지만 공원 산책과 함께 둘러본다면 나쁘지 않다. 나무가 우거진 산책길이 잘 정비되어 있어 산림욕을 즐기며 시간을 보낼 수 있는 것이 큰 장점이다. 가미자카 공원 전망대에는 덕혜옹주의 남편 소 다케유키의 시 작품이 새겨진 비석이 있다.

Address 厳原町北里
Access 이즈하라항에서 차로 26분
Mapcode 526 259 676

Sightseeing ★★☆

다테라야마 龍良山

아유모도시 자연공원이 자리 잡은 곳이 바로 다테라 산이다. 원시림이 남아 있는 해발 559m의 산으로 영화에 나올 법한 거대한 나무들이 있다. 해발 350m 부근을 경계로 아래는 구실잣밤나무, 위에는 동백나무와 황칠나무, 광나무 등이 분포하고 있다. 높이 20m, 밑동 반경이 1m에 달하는 나무도 있으며, 자연 그대로의 모습을 간직한 국가 특별 사적이다. 산과 나무를 좋아하는 여행자들에게 추천.

Address 厳原町北里
Access 이즈하라항에서 차로 22분.
버스 탑승 시 우치야마·구네하마·고쓰기선 아유모도시鮎もどし 하차

Mapcode 850 551 012

Food : 추천

시마모토 志まもと

일본의 대표 요리 만화 『맛의 달인』에 등장한 식당이다. 이 만화 자체가 30년 이상 연재, 100권이 넘는 단행본이 나온 대작이다. 시마모토는 98권 나가사키 편에 소개된 쓰시마 음식점으로 메이지시대에 개업해 4대를 이어가는 음식점이다. 하지만 정작 식당에 들어서면 소박한 분위기에 놀랄지도. 이시야키, 이리야키, 로쿠베 등 향토요리를 맛볼 수 있으며 시마모토 고젠志まもと御膳, 이시야키石焼 등을 추천한다. 생선회와 일본식 계란찜(茶碗蒸し | 자완무시)도 좋다. 예약제로 운영하니 예약 필수!

Address	厳原町国分1380
Access	이즈하라항에서 차로 4분 혹은 도보 12분. 후레아이도코로 쓰시마 바로 옆
Open	11:30~14:00, 17:00~21:00, 부정기 휴일
Cost	시마모토 고젠 2,700엔, 이시야키 3,500엔 ※ 소비세 별도
Tel	0920-52-5252
Fax	0920-52-2761
Web	tsushima-shimamoto.jp

Mapcode 526 109 836

Writer's Pick 이시야키 돌은 특별하다?

널찍한 돌을 불에 달군 후 생선과 제철 야채 등을 올려서 구워 먹는 쓰시마의 향토요리 이시야키. 어부들이 바다에서 바로 잡아 올린 생선과 조개 등을 모닥불로 달군 돌에 구워 먹은 것이 시초다.

1. 이 신선한 해산물을 왜 돌에 구워 먹을까?
처음 이시야키 사진을 보았을 때, 그리고 이시야키를 찾아 시마모토 식당에 들렀을 때 '도대체 왜 이 신선한 해산물을 돌에 구워 먹을까?' 하는 의문이 머릿속을 떠나지 않았다. 신선한 생선이라면 회나 구이, 조림 등 다양한 요리로 만들 수 있고 맛도 좋다. 그런데 이시야키는 회도 아니고 구이도 아닌 애매한 맛이었다. 게다가 이 거무튀튀한 돌은 또 뭐람?

2. 원적외선이 나오는 석영반암
알고 보니 이시야키에 사용하는 돌은 평범한 돌이 아니었다. 석영반암이라는 특수한 돌로 이 돌에서 원적외선이 나온다고 한다. 이 원적외선은 재료가 가진 고유의 맛을 응축해 본연의 맛을 만든다고. 여기에 감칠맛 나는 소스를 더해 맛의 조화를 찾는다. 쓰시마에서만 맛볼 수 있는 특별한 향토요리 이시야키, 궁금하다면 도전해보자.

Food : 한국어 메뉴 | 추천

❷ 쓰시마버거 키요 対馬バーガーKiYo

쓰시마에 왔다면 쓰시마버거는 꼭 먹어보자. 히타카츠와 부산에 있는 친구야 & 키요의 레시피 및 소스도 모두 여기서 시작된 것이다. 점심이면 패티 굽는 냄새가 가게 앞을 채우는 인기 버거집으로 쓰시마산 톳과 오징어가 들어간 쓰시마버거가 대표 메뉴. 주문 즉시 만들어 굽는 수제버거로 맛과 정성이 느껴진다. 쓰시마 향토음식 로쿠베의 재료로 만든 특별한 음료 롯피도 있는데 여름 한정 메뉴다. 쓰시마버거와 돈짱버거를 추천하며 재료가 떨어졌거나 사정에 의해 문을 닫기도 한다.

Address 厳原町大手橋1052
Access 이즈하라항에서 도보 8분
Open 11:30~19:00, 화요일·부정기 휴일
Cost 쓰시마버거 590엔, 돈짱버거 660엔
Tel 0920-52-0873

Mapcode 526 139 089 티아라 몰

> **Tip** 히타카츠와 부산에서도 쓰시마버거를 먹을 수 있다?
> 오리지널 쓰시마버거를 만드는 키요와 바로 옆 친구야(57p) 카페가 합쳐져 친구야 & 키요가 만들어졌다. 히타카츠와 부산에 지점이 있는데 이즈하라의 본점 레시피 그대로 쓰시마버거를 만들어준다.

Food : 한국어 메뉴 | 추천

❸ 스시야 すしやダイケー

쓰시마의 유일한 회전초밥집. 입구에서 안내를 받아 자리에 앉으면 터치패널을 이용해 주문할 수 있다. 한국어 메뉴가 있고, 이용방법도 상세히 안내되어 편리하다. 테이블마다 녹차가루와 생강, 온수가 나오는 곳이 있으니 녹차가루를 넣고 뜨거운 물을 받아 차를 만들어 마시자. 터치패널을 눌러 주문하면 기차로 배달된다. 접시를 꺼낸 후 아래 빨간 버튼을 눌러 기차를 다시 주방으로 보내지 않으면 '삐삐~' 울리니 버튼을 눌러 기차를 돌려보내자. 5접시 주문당 룰렛을 한 번 돌릴 수 있는데, 당첨되면 음료수나 젤리 등을 받을 수 있다. 디저트 메뉴까지 있고, 브레이크 타임이 없어 여유롭게 식사할 수 있다.

Address 厳原町久田道1659
Access 이즈하라항에서 차로 2분 (주차 25대) 혹은 도보 8분. 티아라 몰에서 도보 6분
Open 11:00~21:00(L.O. 20:30), 무휴
Cost 1접시 100엔부터 ※ 소비세 별도
Tel 0920-52-8088

Mapcode 526 109 598

스시야 창밖으로 보이는 풍경

Food : 한국어 메뉴 | 추천

④ 교토 잇케이 라멘 京都いっけいらーめん

쓰시마와 어울리지 않는 이름의 라멘집. 주인아저씨 말씀에 따르면 교토는 출신지, 잇케이는 두 자녀의 이름 앞 글자에서 따왔다고 한다. 주말 점심시간에는 줄을 설 정도로 한국인 여행자들 사이에서 인기가 좋다. 일본 특유의 진한 돈코츠 라멘을 잘 못 먹는 사람이라도 무난하게 도전할 만한 라멘이다. 기호에 따라 면의 강도와 육수의 진하기 등을 고를 수 있는데 일본어에 자신이 없다면 기본으로만 시켜도 괜찮으니 그냥 주문하자. 단, 맛계란은 꼭 추가해서 먹어보길!

Address	厳原町今屋敷693
Access	이즈하라항에서 도보 12분. 대마 호텔 뒷골목
Open	11:30~14:00, 18:00~재료 소진까지
Cost	라멘 800엔, 차슈멘 1,000엔, 맛계란 120엔
Tel	0920-52-8888

Mapcode 526 139 089 티아라 몰

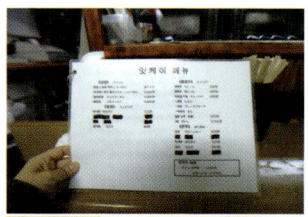

Tip 꼭 예약해야 하는 식당, 어떻게 하나요?

식당마다 다르지만 어떤 식당은 반드시 예약할 것을 권하기도 한다. 특히 향토요리를 내놓는 식당들이 신선한 재료로 만드는 향토요리의 특성상 재료의 구매와 손질을 위해 예약제로 운영하는 경우가 많다. 대부분의 식당은 전화로만 예약을 받고 일본어 소통만 가능하다. 한국에서, 일본어를 모르는 사람들은 어떻게 예약하면 좋을까?

1. 여행사에 문의
선박이나 숙박을 예약한 여행사에 문의하면 식당 1~2곳의 예약은 대행해 주는 편이다. 추가로 문의하는 것이니 양해를 구하고 부탁해보자.

2. 한국인이 운영하는 곳에 숙박한다면 숙소를 통해
쓰시마에는 한국인이나 한국 회사에서 운영하는 민숙, 펜션, 호텔 등이 있다. 이런 숙소의 경우 여행 전 한국어로 소통할 수 있으니 식당 예약을 조심스레 문의해보자.

3. 쓰시마 관광안내소
히타카츠는 배에서 내린 뒤 히타카츠국제터미널 관광안내소에서, 이즈하라는 티아라 몰 옆 후레아이도코로 쓰시마에서 도움을 받을 수 있다. 다만, 식당 예약은 최소한 하루 전에 예약 문의를 해야 하니 당일치기 여행의 경우 이 방법은 어려울 수 있다.

Food : 한국어 메뉴

⑤ 테랏치 てらっ家

모르고 가면 그냥 지나치기 쉬운 식당 같지 않은 외관이다. 식당 안은 소박하지만 단정한 모습이며, 메뉴 역시 수수하다. 한국어 메뉴도 있는데 주요 메뉴는 돈가스 とんかつ, 돼지고기김치볶음 부타기무치 豚キムチ, 치킨난반 チキン南蛮, 닭튀김 가라아게 からあげ의 정식 메뉴와 닭고기계란덮밥 오야코돈 親子丼, 돈가스덮밥 가츠동 かつ丼 등이다. 노렌이 걸려 있다면 들어가 보자.

Address	厳原町今屋敷749
Access	이즈하라항에서 도보 10분
Open	11:30~14:00, 18:00~24:00, 부정기 휴일
Cost	돼지고기김치볶음 정식 800엔
Mapcode	526 139 089 티아라 몰

Writer's Pick 노렌이 걸려 있으면 영업 중~

일본의 식당 혹은 상점의 문 앞에는 천을 걸어 놓는 경우가 많다. 이것을 노렌 暖簾이라고 부른다. 원래는 햇빛과 바람을 막거나, 가게 안이 너무 드러나 보이지 않도록 가림막을 만들어 둔 것인데, 이것에 상점의 이름이나 마크를 새겨 노렌이 되었다. 노렌이 걸려 있으면 영업 중, 없으면 영업 종료를 나타낸다.

노렌은 그 가게를 대표하는 상징으로 여겨지는데, 일본에는 노렌을 소재로 비즈니스와 전통에 대한 이야기를 담은 책도 있다. 한국에는 '하늘이 두 쪽 나도 노렌은 지킨다'는 오사카 상인들의 이야기가 담긴 『오사카 상인들』(홍하상, 효형출판, 2008)이라는 책이 있다. 대대손손 노렌을 지키며 노포를 이어온 상인들의 지혜와 신용을 잃지 않기 위해 노력하는 모습이 현재의 우리에게도 시사하는 바가 크다.

Food
❻
메시야 めしや

밥집이라는 이름의 소박한 일본 식당이다. 그날 들어온 생선으로 만드는 생선회, 생선구이, 생선조림 등과 덮밥, 튀김, 전골 등 다양한 메뉴가 있다. 아쉽게도 한국어 메뉴는 없지만 추천 메뉴를 물으면 그날의 좋은 메뉴를 추천해 주신다. 점심시간에는 돈가스, 생선조림, 크로켓 등의 정식 메뉴, 저녁에는 생선회가 포함된 그날의 저녁 정식과 일품요리를 추천한다. 늦은 시간에는 이자카야처럼 단품 메뉴와 술을 즐기기 좋다.

Address 厳原町大手橋1046
Access 이즈하라항에서 도보 10분
Open 11:00~13:30, 17:00~22:00, 일요일 휴무
Cost 그날의 저녁 정식 1,500엔, 사이코로 스테이크 1,300엔
Tel 0920-52-1778
Mapcode 526 139 089 티아라 몰

큐브 모양의 사이코로 스테이크

매일 바뀌는 그날의 저녁 정식

Food : 추천
❼
오하시노쿠니 おはしのくに

현지인들이 점심시간에 애용하는 식당 중 하나다. 티아라 몰에서 조금 거리가 있는데 10분 정도 걸어야 한다. 햄버그 스테이크, 오므라이스를 비롯해 메뉴가 다양하다. 한국어 메뉴는 없지만, 메뉴판에 사진이 있어 고르는 데 어려움은 없을 것. 추천 메뉴는 어른의 런치(大人様ランチ｜오토나사마런치). 햄버그 스테이크와 닭튀김, 생선까지 육해공을 넘나들며 이것저것 맛볼 수 있는 런치 메뉴로 디저트까지 포함되어 있다. 참고로 흡연이 가능한 식당이니 민감한 사람들은 알아두자. 15:00~17:00에는 음료 및 디저트 주문만 가능하다.

Address 厳原町宮谷225
Access 이즈하라항에서 차로 6분 (주차 20대). 티아라 몰에서 도보 10분
Open 평일 11:00~22:30, 주말 11:00~21:30, 무휴
Cost 어른의 런치 980엔, 기타 정식 메뉴 700~1,000엔
Tel 0920-53-5010
Mapcode 526 140 722

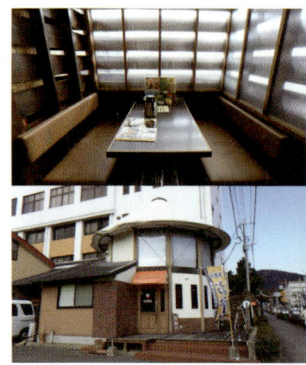

어른의 런치

Food : 한국어 메뉴

⑧ 식당 조 食堂じょう

현지인에게 인기 있는 작은 식당이다. 배달도 하는지 점심시간에는 배달 전화가 끊이질 않는다. 경찰서에서 받은 감사패가 나열된 모습이 보이는데 맛있는 음식을 제공해 주셔서 감사하다는 의미로 받았다고 한다. 돈가스, 닭튀김, 오믈렛 등의 정식 메뉴와 각종 우동 및 덮밥 등 메뉴가 많다. 티아라 몰에서 가까운 다른 식당들보다는 조금 저렴한 편이며, 나카무라 지구 산책길에 들르기 좋다. 식당이 작아서 많은 인원이 가기엔 무리다.

Address	厳原町中村570
Access	이즈하라항에서 도보 18분
Open	08:00~20:00, 부정기 휴일
Cost	돈가스 정식 700엔, 튀김우동 450엔, 닭고기계란덮밥 550엔, 오므라이스 650엔
Tel	0920-52-1500
Mapcode	526 139 089 티아라 몰

Food ⑨ 모스버거 쓰시마점 モスバーガー対馬店

일본의 유명한 버거 체인점으로 쓰시마에 있는 유일한 지점이다. 여행자들에게 모스버거 쓰시마점이 소중한 이유가 몇 가지 있다. 하나는 얼마 없는 아침 영업을 하는 곳이라는 점. 무려 아침 7시부터 오픈한다. 또한 공용 와이파이가 잘 잡히며, 이즈하라 버스정류장과도 가까워 버스를 기다릴 때 유용하다. 하지만 이러한 이유로 한국인 여행자들이 몰려와 시끄럽고 정신없을 때가 있다. 주말에는 쓰시마 현지인들도 많이 이용한다.

모스버거 중에서도 평이 좋은 지점인데 쓰시마에서 직접 조달하는 재료가 많아 신선하다는 게 이유다. 인기 메뉴는 모스치즈버거, 데리야키 치킨버거 등이다. 애매하게 시간이 남았을 때, 오갈 곳이 없을 때, 무료로 쓰시마 와이파이를 원활하게 이용하고 싶을 때 가면 좋다. 단, 반드시 뭐라도 주문하자.

Address	厳原町今屋敷661-3
Access	티아라 몰 내
Open	07:00~22:00, 무휴
Cost	모스치즈버거 360엔, 데리야키 치킨버거 330엔, 감자튀김(小) 220엔, 커피 250엔
Tel	0920-52-7222
Web	mos.jp/shop/detail/04540
Mapcode	526 139 089

Tsushima | Izuhara

Food : 추천
⓾

루팡 ルパン

일본어로 빵은 팡パン인데 재미나게 이름 붙인 듯하다. 티아라 몰에서 15분 정도 걸어가야 하지만 빵을 좋아하는 빵순이, 빵돌이라면 추천한다. 작은 크기의 크루아상이 30엔인데, 이 미니 초코 크루아상이 너무 맛있어 다음 날 또 찾아갔을 정도다. 큼직한 사과 조각이 들어간 애플파이도 먹음직스럽고, 가게 안쪽에서 매일 신선한 빵을 굽는다. 인기 빵 랭킹도 제공하는데 야채 카레빵과 애플파이, 초코 데니시 브레드가 랭크돼 있다.

Address 厳原町宮谷236
Access 이즈하라항에서 차로 6분.
 티아라 몰에서 도보 15분
Open 08:00~19:00, 월요일 휴무
Tel 0920-52-8722
Mapcode 526 140 871

Tip 루팡 찾아가기!
구글맵에 검색하면 안 나오므로 바로 옆 도시락 가게 호토모토 이즈하라점ほっともっと厳原店을 목표로 하여 찾아가면 된다.

Food : 추천
⓫

와타나베과자점 渡辺菓子舗 | 와타나베카시호

티아라 몰에서 바바스지도로를 따라 쭉 걸어서 20분. 조금 멀지만 가볼 만한 과자점이다. 쓰시마를 대표하는 명물 가스마키와 모나카 등을 팔고 현지인 단골이 많다. 가스마키는 검은 앙금과 흰 앙금이 있는데 앙금을 만드는 콩의 색에 따라 달라진다. 검은 앙금도 흰 앙금도 달콤하고 맛있다. 내부에는 작지만 앉을 자리가 있어 하나 까먹고 가도 되냐고 물어보면 괜찮다고 한다. 따뜻한 차를 한 잔 내어주시기도 하니 시간이 된다면 의자에 앉아 하나 먹고 오자.

Address 厳原町桟原53
Access 이즈하라항에서 차로 10분.
 티아라 몰에서 도보 20분
Open 07:00~19:00, 일요일 휴무
Tel 0920-52-0571
Mapcode 526 169 384

Writer's Pick 쓰시마 명물 가스마키

빵순이, 빵돌이는 물론이고 남녀노소 즐길 수 있는 가스마키는 부드러운 빵 안에 앙금을 듬뿍 넣은 쓰시마 명물이다. 안에 들어가는 앙금은 콩의 종류에 따라 색이 달라지지만 미각이 예민한 사람이 아니라면 맛의 차이는 크게 느끼지 못한다. 하지만 현지인들은 검은 앙금파와 흰 앙금파로 호불호가 갈린다고 하니 기왕이면 둘 다 먹어보자. 빵은 카스텔라 느낌으로 부드럽고 촉촉하다.

쓰시마의 과자점마다 가스마키를 파는데 빵과 앙금의 식감, 달콤함 정도에 차이가 있다. 후레아이도코로 쓰시마 옆의 특산품 판매점, 하치만구 신사 앞의 쓰시마몰산관, 공항의 기념품 상점 등에 다양한 과자점의 가스마키가 모여 있어 한꺼번에 둘러보며 구매하기 좋다. 특히 하나씩 예쁘게 포장된 가스마키는 선물용으로도 그만!

Food : 한국어 메뉴 | 추천

친구야 ちんぐ屋

한국인 여행자의 다양한 편의를 채우고자 하는 목적으로 만들어진 고마운 카페다. 시간이 애매한 여행자의 짐을 보관해 주고, 1인당 3,000엔 한도 내에서 환전 서비스, 110V 어댑터 판매, 자전거를 비롯한 각종 대여 서비스를 이용할 수 있다. 커피를 비롯한 음료를 판매하며 쓰시마의 진주 세공 체험도 예약 가능하다.

쓰시마에서는 오래전부터 우리나라와 같은 음과 뜻으로 '친구'라는 단어를 사용했다고 한다. 오랜 시간 한국과 교류했던 흔적이 엿보인다. 친구야 카페는 일본어로 ちんぐ屋라고 쓰는데, 우리 말 친구에 가게를 뜻하는 일본어 屋가 붙은 이름이다.

Address	厳原町大手橋1051
Access	이즈하라항에서 도보 8분
Open	10:00~16:00, 18:00~22:00, 화요일 휴무
Cost	아메리카노 300엔, 카푸치노 400엔
Tel	070-7842-3882
Web	www.chinguya.co.kr

Mapcode 526 139 089 티아라 몰

Food : 한국어 메뉴 | 추천

⑬ 카페 츠무기 紬

많은 한국인 여행자가 상상하는 일본의 작고 아담한 카페가 바로 이런 곳이 아닐까? 오래된 목조건물의 미닫이문을 열고 들어서면 아기자기한 소품과 알록달록한 기모노가 보인다. 점심시간에 맞춰 런치 메뉴를 즐기러 온 현지인을 만날 수 있다. 소박하지만 알찬 소고기떡심카레와 날마다 다른 런치 메뉴를 선보인다. 커피를 비롯한 다양한 음료와 디저트 그리고 술과 간단한 안주도 있어 낮에는 티타임을 위해, 저녁엔 맥주 한잔하러 들르기 좋다.
이즈하라에서 유카타 체험을 할 수 있는 곳이기도 한데, 30분에 1,000엔이며 유카타 체험 시 아메리카노가 무료로 제공된다.

Address	厳原町国分1361
Access	티아라 몰에서 바바스지도로를 따라 이즈하라항 방향으로 도보 3분
Open	11:30~22:00, 화요일 휴무
Cost	소고기떡심카레 700엔, 오늘의 런치 메뉴 1,000엔, 커피 400엔, 퐁당쇼콜라 400엔, 에그타르트 300엔, 유카타 체험 30분 1,000엔
Tel	090-7167-2138

Mapcode 526 139 089 티아라 몰

Food : 한국어 메뉴

⑭ 시마스토리 SHIMA STORY

만송각 호텔 맞은편 1, 2층을 사용하는 카페. 브레이크 타임 없이 운영해서 시간이 애매할 때 들르기 좋다. 특히 2층은 여름에 덥거나 겨울에 추울 때 넉넉하게 자리 잡고 쉬어 갈 수 있다. 음료와 디저트, 생맥주와 안주를 골고루 파는 가게다. 낮에는 티타임, 밤에는 맥주타임을 즐겨보자.

Address	厳原町今屋敷774-6
Access	이즈하라항에서 도보 13분
Open	11:00~23:00, 월요일 휴무
Cost	아메리카노 400엔, 카페라테 500엔, 허니토스트 500엔, 생맥주 550엔, 감자튀김 500엔, 과일안주 800엔
Tel	070-1930-2159

Mapcode 526 139 089 티아라 몰

Food : 한국어 메뉴
⑮
센료 千両

민숙 센료 바로 앞에 위치하고 있으며 밤에는 이자카야가 되는 만능 식당이다. 생선회부터 꼬치구이, 향토요리 이시야키 등 메뉴가 엄청 많다. 그리고 이 많은 메뉴를 한국어로도 볼 수 있다. 가게 안이 넓고 천장이 높으며, 바 형태의 자리와 룸이 있는데 룸에서 개별적으로 식사할 수도 있다. 초밥 메뉴에는 상, 중, 보통이 있고 양이 아니라 생선의 질 차이다. 초밥이 포함된 런치 메뉴는 간편하게 식사하기 좋다.

Address	厳原町中村1079
Open	11:00~14:00, 17:00~22:00
Cost	런치 1,000엔, 초밥(상) 1,950엔, 생선구이 정식 1,250엔
Tel	0920-52-4406
Mapcode	526 110 877

Food : 한국어 메뉴
⑯
갤러리 카페 만마야 まんまや

나카라이 도스이관 내 갤러리 카페다. 이름은 카페지만 식사 메뉴도 있다. 쓰시마 향토요리 이리야키 소바나 멧돼지고기 카레 등 소박하고 정갈한 정식 메뉴를 판매한다. 한국어 메뉴가 있고, 커피나 디저트 메뉴도 갖추어 잠시 쉬어 가기 좋다.

Address	厳原町中村584
Access	이즈하라항에서 도보 16분
Open	11:00~16:00, 화요일 휴무
Cost	만마야 정식 550엔, 멧돼지고기 카레 750엔, 이리야키 소바 650엔, 커피 350엔
Tel	0920-52-2422
Mapcode	526 140 366

Writer's Pick 멧돼지 출몰 주의!

쓰시마 그린파크의 멧돼지 출몰 주의 안내판 / 멧돼지를 잡기 위한 덫

쓰시마 식당 중에는 멧돼지 메뉴가 있기도 하고, 아예 멧돼지고기 전문 식당도 있다. 80% 이상이 산림인 쓰시마에는 산에 사는 동물들이 많다. 특히 멧돼지와 사슴이 많다는데 종종 '멧돼지 출몰 주의'라는 안내 표시를 발견할 수 있다. 더불어 산길 곳곳에 철망으로 만들어진 덫이 자주 보이는데 멧돼지를 잡기 위한 덫이다. 오래전부터 쓰시마의 야생 멧돼지가 민가에 내려와 농작물을 망쳐 놓는 등의 문제가 많아 에도시대에는 멧돼지 퇴치를 담당하는 사람도 있었다고. 특히 야간에 출몰한 멧돼지는 상당히 위험하니 '멧돼지 출몰 주의' 안내가 있는 곳을 방문한다면 주의할 것!

Food
⓱
우동차야 うどん茶屋

이즈하라 시내에서 떨어져 있지만, 가볼 만한 우동 전문점이다. 깔끔하고 홀로 이용하는 손님도 많아 혼자서 가기에도 괜찮다. 이름에 우동이 있으니 우동 메뉴가 기본인데 특이하게 추천 메뉴는 오징어회. 신선한 오징어회는 투명한 색에 식감이 좋다. 하지만 아쉽게도 오징어가 들어오지 않은 날에는 주문할 수 없다. 꼬들꼬들한 신선한 소라회도 추천 메뉴.

Address	厳原町小浦91-2
Access	이즈하라항에서 차로 11분. 버스 탑승 시 히타카츠 방향 승차, 고우라小浦 하차(기사님께 우동차야에서 하차한다고 말해둘 것)
Open	11:00~20:30(6~9월 21:00까지), 부정기 휴일
Cost	새우튀김우동 730엔, 돈가스카레우동 950엔, 오징어회(小) 1,400엔, 소라회 800엔
Tel	0920-52-7177

Mapcode 526 231 167

푸짐한 돈가스카레우동 / 씹는 맛이 있는 소라회

Food
⓲
소바도장 타쿠미 体験であい塾匠

쓰시마에서 수확한 메밀을 사용해 만든 소바를 맛볼 수 있는 곳이다. 미리 예약하면 소바 만들기 체험도 할 수 있어 만드는 재미와 먹는 재미를 동시에 즐길 수 있다. 차가운 소바와 따뜻한 소바 중 선택할 수 있는데 소바 본연의 향기를 즐기려면 차가운 소바를 선택하자. 소바 만들기 체험을 하면 주먹밥을 제공해 준다.

Address	厳原町下原82-12
Access	이즈하라항에서 차로 38분
Open	식사 10:30~15:00, 체험 09:00~17:00, 화요일 휴무
Cost	소바 체험(1~4인) 3,780엔 ※ 1인 추가에 +945엔
Tel	0920-56-0118

Mapcode 526 220 257

메밀향이 느껴지는 차가운 소바

국물이 좋은 따뜻한 소바

Food : 한국어 메뉴

마메다 豆狸

쓰시마에서 오코노미야키를 즐길 수 있는 가게다. 교토에서 오신 주인아주머니가 운영하며 오후 6시부터 새벽 1시까지 영업한다. 짭짤한 오코노미야키와 야키소바를 두고 맥주나 시원한 음료를 들이키기 좋은 곳이다. 오코노미야키는 손님이 직접 만드는 방식으로 만드는 재미가 있어 더 맛있다. 한국어 메뉴가 있고, 오코노미야키 만드는 법도 한국어로 자세히 설명돼 있어 별다른 어려움은 없다.

Address 厳原町大手橋1055
Access 티아라 몰에서 도보 5분
Open 18:00~01:00, 일요일 휴무
Cost 오코노미야키 800엔~, 야키소바 700엔
Tel 0920-52-3015
Mapcode 526 139 089 티아라 몰

Writer's Pick 한국인 출입금지, 불쾌하지만 생각해보자

쓰시마에는 한국어 메뉴를 갖추고 한국인 여행자를 반기는 식당이 있는가 하면, 이즈하라의 몇몇 이자카야나 식당에는 '한국인 출입금지'를 써둔 가게도 있다. 한국인 여행자로서 불쾌하다. 그런데 왜 '한국인 출입금지'가 되었을까?

먼저 현지인과 여행자의 온도차 때문에 생기는 서로의 불쾌감을 들 수 있다. 아무래도 여행을 온 한국인들은 약간 들떠 있기 마련. 하지만 쓰시마의 주민 역시 어려서부터 남에게 폐를 끼치지 않도록 습관화한다는 일본인들이다. 주로 조용히 생활하는 현지인이 보기에 들떠 있는 한국인 여행자가 다소 시끄러운 것. 티아라 몰이 있는 바바스지도로를 제외하면 이즈하라 일대는 작은 골목길로 이루어진 현지인의 주택가다. 우리에겐 관광지지만 그들에겐 일상을 사는 평범한 생활터전인 셈. 골목골목 큰 소리를 내는 사람이 있다면 한국인 여행자인 경우가 많다.

이런 상태로 식당이나 이자카야에 들어가 큰 소리로 떠들어 다른 손님에게 불쾌감을 주거나, 주인과 의사소통이 되지 않아 서로 언성을 높이는 등의 문제가 있었다고 한다. 간혹 김치나 밑반찬 등의 외부 음식을 가져와 식당에서 먹는 여행자도 있다고. 여행자는 여행 중에 지켜야 할 매너가 있다. 어렵지 않다. 현지인의 생활에 방해가 되지 않도록 배려하는 것, 식당에서는 예의를 갖출 것 등이다. 더불어 '한국인 출입금지'라고 붙은 곳은 그냥 지나치자. 몇 군데가 있지만, 이즈하라 전체가 그런 것은 아니다. 한국인 여행자를 반겨 주는 곳이 더 많다.

Food : 한국어 메뉴

토리야스 とりやす

꼬치구이가 유명한 이자카야로 한국어 메뉴가 있고, 부담 없는 분위기로 여행자에게 인기가 많다. 주문 즉시 구워주는 따끈따끈한 꼬치와 함께 맥주나 시원한 음료를 즐기기 좋다. 당일치기 여행자라면 만날 수 없는 '밤의 이즈하라'를 즐기기 좋은 곳. 공간이 크지 않고 소박하다.

Address 厳原町今屋敷776   Access 티아라 몰에서 도보 4분
Open   18:00~23:00(L.O. 22:30)
Cost   꼬치구이 119엔~, 꼬치구이 세트 1,069엔
Tel   0920-52-7817

Mapcode 526 139 089 티아라 몰

Food : 한국어 메뉴

이자카야 시오지 居酒屋汐路

대마 호텔 뒤편 교토 잇케이 라멘 옆의 이자카야. 조용한 골목길에 위치한 곳인데, 이전의 한국인 여행자 중 소란을 피웠던 사람이 있었는지 '한국인 고객에게'라는 주의 사항이 붙어 있다. 생선회, 생선구이, 만두, 크로켓 등 안주 삼기 좋은 요리와 맥주 및 소주 등의 음료가 있다. 한국어 메뉴가 있어 이용하는 데 불편함은 없을 것.

Address 厳原町今屋敷693   Access 티아라 몰에서 도보 2분
Open   17:00~22:00   Tel   0920-52-2538

Mapcode 526 139 089 티아라 몰

Food

슌사이 와라쿠 旬彩和らく

츠타야 호텔, 쓰시마버거 키요 뒤쪽 골목에 위치한 이자카야. 현지인이 많이 찾는 곳으로 내부가 깔끔하다. 생선구이, 가지구이 등을 안주 삼아 저녁을 때우거나 술 한잔하기 좋다.

Address 厳原町大手橋1056
Access 티아라 몰에서 도보 5분
Open   17:00~03:00(일·공휴일 24:00까지), 월요일 휴무
Tel   0920-52-0020

Mapcode 526 139 089 티아라 몰

> **Tip 기분 좋게 식당 이용하는 방법!**
> 현지인이 운영하는 식당은 어떤 점이 다를까? 기억할 만한 일본의 테이블 매너는 뭘까? 좀 더 기분 좋게 여행할 수 있는 식당 이용법과 일본의 테이블 매너를 알아보자.
>
> **1. 식당 이용**
> 식당 문 앞에 천(노렌)이 걸려 있으면 영업 중이므로 확인 후 들어가자. 점원에게 몇 명인지 알리고 테이블 안내를 받는다. 작은 식당의 경우 자리가 없을 땐 바(Bar) 자리를 이용하거나, 합석해야 하는 경우가 있다. 1인당 1개를 주문하고 다른 곳에서 구입한 음료나 음식은 먹지 않는다. 대부분의 요리에는 별도의 반찬이 없거나, 단무지나 절임 음식이 조금 나올 뿐이다. 녹차와 물은 대부분 무료. 만약 사진 촬영을 하고 싶을 땐 직원에게 먼저 물어보자.
>
> **2. 테이블 매너**
> 식사할 때 젓가락만 사용한다. 숟가락이 필요할 땐 직원에게 물어보자. 한국은 젓가락을 세로로 놓고 밥을 먹지만 일본은 가로로 놓는다. 젓가락 끝을 씹거나 젓가락 끝을 입에 문 채 손을 이용하거나 이쑤시개로 사용하지 말자. 젓가락으로 음식을 찔러 보거나, 다른 사람을 가리키는 것도 삼가자. 그릇 위에 젓가락을 올려 두거나 가장자리에 걸쳐 두는 것, 젓가락에서 젓가락으로 음식을 건네면 안 된다. 또한 그릇이나 테이블을 수저로 두드리지 않는다.

● 구타 久田

시골 풍경만 무성한 쓰시마에, 조금 과장하면 유럽풍 느낌이 나는 마을 구타가 있다. 이즈하라에서 연결되는 버스 노선이 많아 대중교통으로 찾아가는 것도 어렵지 않다. 옛 선착장 오후나에와 지카페가 있어 이즈하라에서 반나절 여행으로 가기 좋다.

久田 ★★☆

오후나에 お船江

1663년 축조된 선착장, 나가사키 현의 지정사적으로 에도시대의 것이다. 항해를 마치고 돌아온 배가 닿고 떠나는 곳이자, 배를 대놓고 수리를 하던 곳으로 옛 모습을 그대로 간직하고 있다. 에도시대 일본 해안 마을에는 이런 시설이 많았지만 현재까지 원형을 보존하고 있는 곳은 드물어 그 가치가 크다. 밀물 때에 바닷물이 들어오면 대형 선박까지 드나들 수 있고, 썰물 때에 바닷물이 빠지면 배에서 화물을 옮기는 데 편리한 구조다. 창고나 번주의 휴식처 등이 남아 있어 당시 규모가 상당했음을 상상할 수 있다.

Address 厳原町久田64
Access 이즈하라항에서 차로 6분. 버스 탑승 시 구타 방향 승차, 구타久田 하차 후 도보 3분
Mapcode 526 079 197

Writer's Pick
오후나에에 갓파가 나타났다?

1984년 오후나에 근처에서 갓파かっぱ를 보았다는 목격담이 이어졌다. 갓파는 강이나 바다에 사는 일본의 요괴로 정수리 부분에 물이 있고 몸은 초록색, 등에는 거북이 등판 같은 게 붙어 있다. 오이를 잘 먹고 장난을 좋아하며 노래를 즐기는 성격이라고. 오후나에 주변의 다리에서 갓파 그림의 타일과 안내문 등을 볼 수 있다.

久田 : 추천

❷ 지카페 Gカフェ

아담하고 아기자기한 정원을 가진 이곳은 현지인이 많이 찾는 맛집이다. 풀 네임은 크레페 하우스 지카페로 크레페가 유명하다는데 런치 메뉴와 화덕피자, 디저트 종류 등 다른 메뉴도 괜찮다. 원래 이즈하라 중심가에 있었던 가게를 이곳으로 옮겨 왔다고 한다. 한쪽 벽면에 이즈하라에 있었던 가게의 모습이 사진으로 걸려 있는데 지금의 시마스토리(58p) 자리다. 디저트까지 나오는 런치 메뉴 추천, 예약 필수.

Address	厳原町久田95-123
Access	이즈하라항에서 차로 9분. 버스 탑승 시 구타 방향 승차, 구타久田 하차 후 도보 12분
Open	11:00~18:00, 부정기 휴일
Tel	0920-52-5156

Mapcode 526 078 169

Writer's Pick 쓰시마 여행 준비, 꼭 알아야 할 것

현지인은 3만여 명 정도인데 매년 쓰시마를 찾는 한국인은 약 30만 명에 이른다. 또한 한국의 휴일에 많은 여행자가 몰리는 특수한 여행지로 다른 곳에선 예상할 수 없는 불편함을 겪기도 한다. 쓰시마 여행을 준비한다면 아래 내용을 꼼꼼히 확인해보자.

1. 이즈하라 ↔ 히타카츠 버스를 타지 못할 수 있다!
이즈하라 ↔ 히타카츠 노선의 경우 버스로 2시간이 넘는 거리지만, 하루에 4~5대뿐이다. 배 시간에 맞춰서 버스를 타려는 사람들이 한꺼번에 몰려 10:58 이즈하라 출발편, 16:36 히타카츠 출발편의 경우 버스를 타지 못하는 경우가 있다. 따라서 혼잡한 시간대를 피해 7:05 이즈하라 출발편, 12:51 히타카츠 출발편을 이용하거나 이즈하라와 히타카츠를 잇는 특별 종단 셔틀버스를 이용하는 것을 추천한다.
※이즈하라 ↔ 히타카츠 특별 종단 셔틀버스(1,000엔)
9:20 이즈하라 출발 → 12:13 히타카츠 도착
14:30 히타카츠 출발 → 17:25 이즈하라 도착
(승하차 정류장은 기존 버스 정류장과 동일)

2. 능숙한 운전자라도 조심, 또 조심
쓰시마 대부분은 산길로, 꼬불꼬불 이어지는 길에서 무슨 일이 일어날지 모른다. 운전 경력이 오래되고 운전에 능숙할지라도 사고의 위험이 다분하니 조심, 또 조심할 것.

3. 쓰시마를 재미나게 여행하는 법
쓰시마는 뭐든지 재미나게 여행할 수 있는 곳이다. 왜냐하면 '빈 공간'이 많기 때문. 도시가 아니라서 멋진 카페나 맛집도 없고, 화려한 호텔이나 리조트도 없다. 심지어 영화관도 없지만, 대신 스스로 테마를 정해서 할 수 있는 것이 많다. 예를 들어 디저트를 좋아한다면 이즈하라에 숙박을 정하고 이즈하라에서 미쓰시마까지만 빵집 순례 여행을 할 수 있다. 이 여행은 버스로 이동이 가능하고 작은 마을의 소소한 풍경을 구경할 수 있다는 것도 장점이다.
만약 등산을 좋아한다면 산을 주제로, 낚시를 좋아한다면 낚시를 주제로 여행할 수 있다. 자전거나 도보 여행도 강력 추천. 한적한 어촌을 배경 삼아 사진을 찍으러 가는 출사 여행도 즐겁다. 조금만 걸으면 조용하고 느긋하게 즐길 수 있는 곳들이 쓰시마엔 많다.

🔴 쓰쓰 豆酘

이즈하라 남쪽 쓰쓰는 2009년 1월 아사히신문사와 일본 삼림문화협회가 주최한 '일본의 마을 100선'에 선정되기도 한 아름다운 마을이다. 이즈하라에서 출발 시 버스 시간이 애매해 대중교통으로는 여행이 어렵지만, 렌터카 여행자라면 쓰쓰를 꼭 들러볼 것을 권한다.

> **Writer's Pick 쓰시마의 땅끝 마을 쓰쓰는?**
> 쓰쓰는 험준한 산들에 둘러싸여 있고, 쓰시마의 다른 지역과 언어와 풍습이 달랐던 것으로 기록되어 있다. 때문에 한반도에서 건너간 도래인들의 마을이었을 가능성도 높다고 전해진다.

豆酘 ★★★

쓰쓰자키 | 豆酘崎

쓰시마 최남단, 그야말로 끝이다. 바다 쪽으로 뾰족하게 뻗은 육지에서 파란 바다가 파노라마처럼 펼쳐진다. 세찬 바람이 매력적인 곳. 거친 파도를 견디는 작은 섬들의 모습과 낚시를 즐기는 낚시꾼들이 보인다. 해류가 교차하는 지점이라 어종이 풍부해 낚시꾼들에게 특히 인기인 장소다. 위치 때문인지 낮에는 역광일 때가 많아 사진 찍기 어려운 곳이기도 하다. 쓰쓰로 가는 버스가 적고, 마을에서 쓰쓰자키까지는 거리가 있어 도보 여행자가 가기는 어렵다. 렌터카 여행자라면 추천.

Address 厳原町豆酘字尾崎山
Access 이즈하라항에서 차로 48분
Mapcode 850 335 733

豆酘 ★☆☆

비죠즈카 공원 美女塚公園

우리말로는 미녀총, 영어로는 The beautiful woman's tomb이다. 돌무더기만 있던 곳에 비석을 세우고 옆쪽으로 공원을 만들었다.
아주 오래된 옛날 쓰쓰에 츠루오(鶴王)라는 아름답고 현명한 여인이 살고 있었다. 그녀의 평판이 널리 알려져 급기야 궁으로 불리게 된다. 노모를 두고 고향을 떠나야 했던 그녀는 슬픔을 이기지 못하고 지금의 비죠즈카 자리에서 혀를 깨물고 자결한다. '아름답게 태어나 이런 슬픈 일을 당해야 한다면 앞으로 쓰쓰 마을에 아름다운 여인이 태어나지 않게 해달라'는 말을 남겼다고 한다. 그녀의 이야기는 전설이 되어 쓰쓰의 여인들은 일부러 누더기 옷을 입고 다녔다고. 얼마나 아름다운 여인이었을까 궁금해진다.

Address 厳原町豆酘   **Access** 이즈하라항에서 차로 34분
Mapcode 526 457 556

Interview 야스오 씨가 알려주는 "쓰쓰는 이런 곳이에요~"

쓰시마와 쓰쓰에 대해 애정이 많으신 란테이 사장님께 작지만 아름다운 마을 쓰쓰에 대해 들을 수 있었다.
"바다와 가까워 어부들이 많고 예전엔 어획량이 많아 쓰시마 안에서도 유명했지요. 지금은 예전만큼 고기가 잡히지 않아요. 하지만 파랗고 아름다운 바다는 그대로예요. 쓰쓰자키는 쓰시마의 최남단으로 아름다운 전망이 유명합니다.
쓰쓰는 빨간 쌀과 밀감도 유명해요. 빨간 쌀은 품종 개량으로 변한 쌀이 아닌 아주 옛날 원형 그대로의 쌀이라고 해요. 요즘 쌀은 익으면 누런색이 되지만 빨간 쌀은 이름 그대로 붉게 변한답니다. 수확이 가까워지면 붉은 쌀이 자라는 논의 색이 오묘하고 아름다워요. 빨간 쌀을 재배하는 곳이 일본에서도 손에 꼽힙니다. 이 쌀은 원형 그대로의 모습을 간직하고 있어 신에게 바치는 쌀로 사용되기도 한답니다. 도쿄의 일본 왕실에도 보내지고요. 품종이 개량되어 맛이 좋은 요즘의 쌀과 달리 맛은 그다지 매력적이지 않다는 평이 있어요. 하지만 의미가 있는 쌀이라 앞으로도 쓰쓰 마을은 빨간 쌀을 지켜갈 예정이에요.
또 쓰쓰에는 슬픈 미녀의 전설이 전해져요. 아름답다는 이유로 어머니를 두고 왕실로 가야만 했던 미녀가 혀를 깨물고 자결한다는 슬픈 이야기죠. 쓰쓰 사람들에게 이 이야기는 마음 깊은 곳에 항상 자리 잡고 있어요. 란테이 식당에는 전설로 이어져 온 허름한 옷을 전시해 두었습니다. 소중한 보물이에요. 대중교통으로 쓰쓰 여행이 쉽지 않지만, 렌터카 여행을 한다면 쓰쓰를 꼭 들러보세요."

쓰쓰자키에서 란테이 사장님 야스오 씨

쓰쓰의 붉은 쌀 아카고메가 자라는 밭

로쿠베 전문점 란테이 식당에 쓰쓰 여인들이 입었던 옷이 전시되어 있다.

예전 쓰쓰 마을 여인들의 사진

豆酸 : 한국어 메뉴 | 추천

란테이 らん亭

쓰시마 전통요리인 로쿠베를 3대째 이어오고 있는 식당이다. 이즈하라 시내에서 멀리 떨어져 있지만 아유모도시 자연공원과 가까워 함께 묶어서 다녀오기 좋다. 한국 방송사의 한 프로그램에서도 소개된 적 있는 맛집으로 가게 안에는 쓰시마와 쓰쓰 마을에 관련된 소품들이 많아 구경할 것도 많다.

로쿠베는 쓰시마 향토요리로 고구마를 이용한 일종의 국수다. 얇게 썬 고구마를 말려 가루로 만들어서 발효시키는 과정을 반복한 후 센단고를 만든다. 이것을 다시 가루로 내 물과 함께 반죽하여 강판을 대고 뜨거운 물에 갈아 넣어 로쿠베 면을 만든다. 생선이나 닭고기를 이용한 육수에 로쿠베 면을 넣으면 완성. 면의 식감이 독특하고 국물은 시원하다.

로쿠베는 정성과 시간이 많이 들어가는 음식이지만 지금은 많은 식당에서 공장에서 만든 로쿠베 면을 사용하기도 한다. 란테이에서는 사장님이 직접 면 만드는 과정을 설명해 주시거나 쓰시마 향토요리에 대해 소개해 주시기도 하는데 일본어가 가능하다면 맛있는 음식과 함께 쓰시마와 쓰쓰 마을에 대한 재미난 이야기를 덤으로 들을 수 있다.

Address 厳原町内山53-2
Access 이즈하라항에서 차로 25분. 버스 탑승 시 아유모도시 방향 승차, 아유모도시鮎もどし 하차 후 도보 5분(기사님께 아유모도시 자연공원에서 하차한다고 말해둘 것)
Open 10:00~19:00
Cost 로쿠베 세트 1,000엔, 새우튀김로쿠베 700엔
Tel 0920-57-0889
Mapcode 850 520 886

짧고 굵은 로쿠베 면

센단고와 로쿠베를 만드는 강판

쓰시마물산관에서 구입 가능한 센단고

Tsushima | Izuhara

Shopping

티아라 몰
いづはらショッピングセンター ティアラ | 이즈하라 쇼핑센타 티아라

1층에 슈퍼마켓 레드캐비지와 쓰시마 교통사무소, 빵집, 모스버거, 소바 가게 등이 있다. 2층에는 쓰시마 특산품을 찾을 수 있는 일본관광물산관(日本観光物産館)이 있다. 또한 바로 앞에 버스정류장도 있어 이즈하라 여행의 시작점이자, 휴식처로 많은 사람이 모이는 곳이다.

Address	厳原町今屋敷661-3
Access	이즈하라항에서 도보 10분
Open	09:00~22:00(매장마다 다름)
Tel	0920-52-6664
Web	izuhara-tiara.com

Mapcode 526 139 089

Tip 쓰시마 교통사무소
티아라 몰 1층 중앙에는 버스 시간표가 잔뜩 붙은 곳이 있다. 이곳이 바로 쓰시마 교통사무소인데 그 앞에 쓰시마 버스 시간표가 배치되어 있다. 자유롭게 가져갈 수 있으니 버스 여행자들은 시간표를 챙기자.

Shopping

마츠모토키요시 이즈하라점
マツモトキヨシ厳原店

티아라 몰 뒤쪽. 드러그스토어 체인이다. 아침부터 밤늦게까지 영업하기 때문에 여유롭게 둘러볼 수 있다. 5,000엔 이상 구입 시 면세 혜택이 있다. 면세를 받으려면 여권을 지참할 것. 드러그스토어 추천 아이템은 18p 참조.

Address	厳原町今屋敷674	Access	티아라 몰 바로 뒤편
Open	09:00~23:00, 무휴	Tel	0920-53-5225
Web	www.matsukiyo.co.jp		

Mapcode 526 139 027

Shopping

쓰시마물산관 対馬物産館

하치만구 신사 근처에 쓰시마 명물들을 모아 놓은 상점이다. 각종 오징어 가공품과 말린 표고버섯, 야마네코 소주, 고구마 소주, 가스마키 등 기념품으로 구입해 가기 좋은 상품들이 있다. 쓰시마 특산물 추천 아이템은 17p 참조.

Address	厳原町今屋敷778		
Access	하치만구 신사 맞은편		
Open	09:00~17:00	Tel	0920-52-0355

Mapcode 526 140 212

Shopping
④

카가시야 쓰시마 이즈하라점 かがし屋 対馬厳原店

대마 호텔 맞은편의 면세점이다. 교세라 세라믹 칼이나 알록달록한 주방용품에서부터 토토로 인형까지 여성들에게 인기 있는 아이템이 많다. 한국어 블로그도 운영하고 있는데, 쓰시마 맛집과 여행 정보 등의 깨알 같은 팁을 올려 주기도 한다.

Address	厳原町田渕1036-2
Access	대마 호텔 맞은편
Open	09:00~20:00
Tel	0920-52-1300
Web	blog.naver.com/kagasiya

Mapcode 526 140 065

Stay : 추천

서산사 유스호스텔 宿坊対馬西山寺 | 슈쿠보쓰시마세이잔지

이즈하라항에서 천천히 걸어도 10분이면 도착한다. 서산사는 유서 깊은 사찰로 과거 조선통신사가 머물렀던 곳이다. 이 절을 창건한 게이테쓰 겐소 스님은 조선말을 할 줄 안다는 이유로 일종의 외교사절 역할을 담당하였는데, 임진왜란을 배경으로 하는 대하사극에도 종종 등장하는 인물이다. 현재는 유스호스텔로 사용하고 있으며 료칸 느낌에 깨끗하고 침구도 좋다. 방에서 감상하는 일몰과 일출 시간의 전망도 괜찮고, 아침 식사 또한 정갈하고 깔끔하다. 쓰시마의 특별한 숙소 중 하나로 인기가 많다. 다만 방 사이의 벽이 얇아 옆방의 소리가 들릴 수 있다.

Address	厳原町国分1453
Access	이즈하라항에서 차로 4분 혹은 도보 8분
Cost	1인 조식 포함 5,000엔~, 숙박만 4,300엔~
Tel	0920-52-0444
Wifi	무료
Web	www.tsushima-net.org/stay/izuhara_seizanji.php

Mapcode 526 109 623

Tip 쓰시마 숙소 예약 팁!

1. 숙소 위치 정하기
숙소가 많은 곳은 이즈하라다. 하지만 여행 코스에 따라 다른 지역에서 숙소를 구해야 할 경우도 있으니 숙소의 위치를 어디로 할 것인지 먼저 정한다.

2. 숙소에 기대를 버리자
소박한 섬 쓰시마에 화려한 호텔은 없다. 낡은 건물에 오래된 시설로 운영하는 호텔이 많고, 모텔 수준도 많다. 숙소에 대한 기대를 하고 출발하면 실망하기 쉽다. 숙소 예약을 대행해 주는 여행사 직원과 이야기를 나눌 기회가 있었는데, 출발 전 쓰시마의 특수한 숙소 상황을 여러 번 설명했음에도 현지에서 호텔을 바꿔 달라는 요청을 무리하게 하는 손님들이 있다고 한다. 그런데 문제는 바꿔 줄 만한 다른 호텔이 없다는 것. 쓰시마와 연결된 배편에 비해 숙소가 부족한 편이라 숙소 자체를 구하기도 어려울뿐더러 손님이 기대하는 좋은 룸 컨디션을 가진 호텔이 없다는 것이다. 그러므로 즐거운 여행을 위해 숙소에 대한 큰 기대는 하지 말자.

3. 여행사 사이트를 이용
묵기로 정한 숙소가 여행사 사이트에 있는지 확인한다. 사이트에 있다면 바로 예약한다.

4. 여행사에 전화 문의
쓰시마의 호텔 중에서는 사이트에서 예약할 수 없는 곳이 있다. 더불어 쓰시마의 특색 있는 숙소의 경우 인터넷으로 예약할 수 없는 경우가 대부분이다. 이런 경우에는 여행사에 직접 문의하자.

Stay

츠타야 호텔 ツタヤホテル

이즈하라 시내, 쓰시마버거 키오 옆에 자리하고 있다. 건물은 낡아 보이지만 객실 안의 욕실과 화장실, 에어컨과 히터, 제습기 등의 시설은 교체한 지 얼마 되지 않은 느낌으로 깔끔하다. 이즈하라항과 티아라 몰 중간쯤으로 위치가 좋고 사장님과 직원 모두 친절하다.

Address 厳原町大手橋1053
Access 이즈하라항에서 차로 3분 혹은 도보 8분
Cost 1인 조식 포함 6,800엔~, 숙박만 5,940엔~
Tel 0920-52-0806
Web www.tsushima-net.org/stay/izuhara_tutaya.php
Mapcode 526 110 756

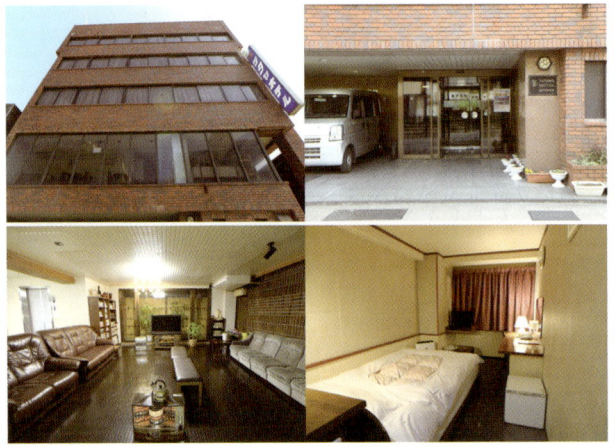

Stay

대마 호텔 ホテル対馬 | 호테루 쓰시마

이즈하라 중심에 위치한 호텔로, 호텔 쓰시마 택시를 함께 운영하고 있다. 렌터카 없이 여행하는 여행자에게 택시 관광 코스를 제공한다. 쓰쓰자키나 고모다 등 이즈하라 중심가에서 멀리 떨어진 곳도 안내해 준다. 뷔페 스타일의 조식을 제공하고, 자전거 유료 렌털 서비스도 있다.

Address 厳原町今屋敷765
Access 이즈하라항에서 차로 4분 혹은 도보 11분
Cost 1인 조식 포함 7,100엔~, 숙박만 6,300엔~
Tel 0920-52-7711
Web hoteltsushima.com
Mapcode 526 140 064

Stay : 추천

④
민숙 센료 民宿千両

위치가 좋고, 가격대비 만족도가 좋은 민숙이다. 센료 식당(59p)과 마주 보고 있으며 조식과 석식을 신청하면 센료 식당에서 먹는다. 공용 욕실과 화장실을 사용하는데 시설이 깔끔한 편. 겨울에는 전기장판을 이용할 수 있다.

Address	厳原町大手橋1073
Access	이즈하라항에서 차로 5분 혹은 도보 10분
Cost	1인 조식 포함 3,600엔~, 숙박만 2,700엔~
Tel	0920-52-4406
Fax	0920-52-3885

Mapcode 526 110 877

Stay

⑤
호텔 미츠와칸 ホテル美津和館

쓰시마 시청 부근. 골목 안쪽에 위치해 아늑하고 조용한 분위기의 호텔이다. 1층에는 아담하지만 깔끔한 이탤리언 레스토랑 비스트로 판타카ビストロ パンタカ가 있다. 호텔에 투숙하지 않더라도 피자나 파스타가 먹고 싶을 때 들르면 좋다.

Address	厳原町国分1421
Access	이즈하라항에서 차로 5분. 티아라 몰에서 도보 3분
Cost	1인 조식 포함 5,900엔~, 숙박만 5,500엔~
Tel	0920-52-0111
Web	www.tsushima-net.org/stay/izuhara_mitsuwakan.php

Mapcode 526 109 834

Stay

⑥
오렌지 민숙 民宿オレンジ

이즈하라항에서 도보 10분 거리에 자리한 한국인이 운영하는 민숙이다. 한국인 여행자에게 맞는 맛집과 여행 코스를 추천해 주신다. 겨울에 전기장판을 이용할 수 있다. 블로그에 쓰시마 소식을 올려 주시기도 하고, 직접 예약이 가능하다.

Address	厳原町大手橋1088
Access	이즈하라항에서 차로 5분 혹은 도보 10분
Cost	1인 조식 포함 4,600엔~, 숙박만 4,000엔~
Tel	070-7592-7080
Web	blog.naver.com/orangeminsuk

Mapcode 526 110 848

Stay
❼

도요코인 東横イン

2017년 3월 31일에 오픈. 일본 전국 및 부산과 서울, 대전에도 지점을 가진 가격대비 만족도가 높은 비즈니스호텔 체인이다. 246실을 갖춘 쓰시마에서 꽤 큰 규모의 호텔로, 자유 여행이라면 이즈하라에서 좋은 선택이 될 듯하다.

Address 厳原町今屋敷771-1
Access 이즈하라항에서 도보 13분. 티아라 몰 건너편
Cost 조식 포함 싱글 5,800엔~, 더블 7,800엔~ ※ 세금 별도
Tel 0920-53-6145
Web toyoko-inn.kr/k_hotel/00268/index.html

Mapcode 526 140 091

Stay
❽

호텔 금석관 ホテル金石館 | 호테루킨세키칸

츠타야 호텔 건너편에 자리하고 있다. 뷔페 스타일 조식을 제공하고, 런치 뷔페를 운영하기도 한다. 숙박하지 않고 런치 바이킹(뷔페)을 즐기러 가는 여행자도 있다.

Address 厳原町今屋敷739
Access 이즈하라항에서 차로 3분 혹은 도보 8분
Cost 1인 조식 포함 7,560엔~, 숙박만 6,696엔~
Tel 0920-52-0154
Web www.tsushima-net.org/stay/izuhara_kinsekikan.php

Mapcode 526 110 694

Stay
❾

호텔 벨포레
ホテルベルフォーレ | 호테루베루호레

티아라 몰과 가까운 호텔이다. 쇼핑을 목적으로 한 여행자에게 좋은 호텔로 다른 곳에 비해 가격이 약간 비싼 편이지만 시설이 깔끔하고 위치가 좋다. 일본식 혹은 아메리칸식으로 조식을 선택할 수 있다.

Address 厳原町今屋敷660
Access 이즈하라항에서 차로 5분. 티아라 몰 뒤편
Cost 1인 조식 포함 8,000엔~, 숙박만 7,200엔~
Tel 0920-52-1201　　Web belle-foret.com

Mapcode 526 139 147

Stay
❿

호텔 이즈하라 ホテル厳原

티아라 몰 근처에서 한국인이 운영하는 호텔이다. 맞은편에 도요코인 호텔도 자리하고 있다. 대부분이 다다미방으로 호텔 안에서 신발을 벗고 다니는 것이 특이점. 깔끔하고 친절하며 로비에서 유카타 체험도 신청할 수 있다.

Address 厳原町今屋敷650　Access 이즈하라항에서 차로 5분
Cost 1인 조식 포함 5,000엔~, 숙박만 4,500엔~
Tel 0920-53-5055
Web www.tsushima-net.org/stay/izuhara_hotel_izuhara.php

Mapcode 526 140 180

Stay
⑪

마루야 호텔 丸屋ホテル

호텔 미츠와칸과 인접한 곳에 있는 조용한 호텔이다. 작지만 친절하고, 대욕장을 이용할 수 있다. 침대방과 다다미방 중 선택이 가능하다.

Address 厳原町国分1409
Access 이즈하라항에서 차로 5분 혹은 도보 12분
Cost 1인 조식 포함 6,300엔~, 숙박만 5,250엔~
Tel 0920-52-1970
Web www.tsushima-net.org/stay/izuhara_maruya.php
Mapcode 526 109 774

Stay
⑫

쓰시마 대아 호텔 対馬大亜ホテル

이즈하라 이사리비 공원과 가까운 한국의 선박회사 대아고속 계열의 호텔이다. 한국인 스태프가 항상 상주하고 있다는 점이 장점. 또한 바다를 바라볼 수 있는 전망 만족도가 높다. 바로 옆에 자리한 이사리비 공원을 산책할 수 있는 것도 특별한 매력.

Address 厳原町東里223
Access 이즈하라항에서 차로 5분 혹은 도보 32분
Cost 1인 조식 포함 6,500엔~, 숙박만 5,500엔~ ※ 토요일 제외
Tel 0920-52-3737
Web www.tsushima-net.org/stay/izuhara_daeahotel.php
Mapcode 526 140 207

Stay
⑬

뷰 호텔 미즈키 ビューホテル観月

이사리비 공원 가는 길, 바다가 보이는 언덕에 위치한 숙소다. 이즈하라 시내에서 도보 이동은 어렵지만 택시를 이용하면 기본요금으로 이동이 가능하다. 온돌방과 한국인 여행자를 고려한 식사 메뉴가 있다.

Address 厳原町東里238-12
Access 이즈하라항에서 차로 5분 혹은 도보 22분
Cost 1인 숙박만 4,800엔~, 식사 포함은 문의
Tel 0920-52-2188   Fax 0920-52-2248
Web www.tsushima-net.org/stay/izuhara_miduki.php
Mapcode 526 110 836

Stay
⑭

이즈하라 펜션 厳原ペンション

2016년 12월 신축한 펜션이다. 이사리비 공원과 가깝고 바다를 바라보는 전망 좋은 곳에 위치한다. 신축한 만큼 깨끗하고 한국인 여행자의 편의를 고려한 시설(220V 사용 등)이 돋보인다. 여행사를 통해 예약할 수 있다.

Address 厳原町東里223-8
Access 이즈하라항에서 차로 3분 혹은 도보 21분
　　　　※ 이즈하라항과 티아라 몰 맞은편에서 송영 가능
Cost 2인실 기준 1인 85,000원~
Tel 0920-52-5701
Mapcode 526 110 598

Kamitsushima 가미쓰시마

Intro

上対馬
가미쓰시마

가미쓰시마의 히타카츠로 향하는 배편이 늘면서 한국인 여행자에게 본격 재발견되고 있는 곳이다. 한국 사람들은 상대마(上対馬)라고 부르기도 한다. 부산에서 이즈하라항까지는 2시간이 넘게 걸리지만 히타카츠는 1시간 10분 정도로, 승선 시간이 반으로 줄어든다. 특히 뱃멀미가 있는 사람은 히타카츠항(국제터미널)으로 입국할 것을 추천한다.

역사적인 명소가 몰려 있는 이즈하라와 다르게 가미쓰시마는 생각을 잠시 멈추고 마음을 살짝 내려놓은 채 있는 그대로의 자연을 즐길 수 있는 곳이 많다. 렌터카를 이용한다면 39번 도로로 향하면 좋겠다. 산길을 달리는 셈이라 길이 좁고 구불구불하며 터널도 많지만 그럼에도 달릴 만한 가치가 있다. 울창하게 이어지는 산림 속 슈시 단풍길에서 산림욕을 하고, 천 년도 더 전에 백제인이 심고 갔다는 일본 최고령 은행나무를 만나 오래된 나무의 기운을 느껴보자. 물론 기대 없이 출발해야 좋다. 뜬금없이 나타나는 수수한 모습의 작은 바다 마을 풍경이 은근한 감동을 준다. 도시에서 화려하고 넘치는 생활을 했다면 이곳에서 잠시 다 털어낼 수 있다.

도보 여행자라면 넉넉하게 시간을 잡고 아지로의 연흔이 있는 아지로 마을이나 히타카츠항을 출발해 니시도마리 해수욕장까지 걸어보자. 반나절 천천히 걸으며 여유로운 시간을 보낼 수 있다. 니시도마리 해수욕장까지는 1.8km, 천천히 걷는다면 왕복 1시간이 충분하고도 남는다. 먼저 히타카츠항에서 가까운 후루사토古里 마을을 지난다. 정겨운 이름의 후루사토 마을(일본어로 후루사토는 고향을 뜻한다)에서는 고기잡이에 나서는 배를 가까이서 볼 수 있고, 쓰시마에서 처음 만들어 쓰기 시작했다는 오징어 건조기가 미니 사이즈로 있어 구경하기 좋다(이즈하라에는 대형 오징어 건조기가 있는데 좀 무섭다). 작은 마을 길을 따라 천천히 걸으면 어느새 니시도마리西泊 마을로 들어선다. 히타카츠에서 전망이 가장 좋은 호텔 카미소花海荘로 향하자. 카미소 주차장 길을 내려오면 작은 산책길이 시작되는데 이 길은 니시도마리 해수욕장까지 이어진다. 어둑하게 우거진 숲길을 지나 파랗게 빛나는 바다를 만나는 순간, 쓰시마에 오길 잘했다는 생각이 들 것이다. 그리고 여기까지 걸어오길 잘했다는 생각도 들 것이다.

Half-day Tour

히타카츠는 특별한 볼거리가 있거나 대단한 맛집이 있는 곳은 아니다. 대신 느긋한 마음으로 천천히 걸으며 여행하면 좋겠다. 당일치기 여행자라면 식사를 하고 마트에 다녀오거나 미우다 해수욕장에 다녀오는 정도로 시간이 빠듯할 것이다. 렌터카 여행자라면 39번 도로를 따라가는 드라이브 코스를, 시간 여유가 있는 도보 여행자라면 아지로 마을, 자전거 여행자라면 미우다 해수욕장과 나기사노유 온천을 다녀오는 코스를 추천한다.

✓ 반나절 렌터카 여행

히타카츠국제터미널
↓ 차로 24분
슈시 단풍길 31p
↓ 차로 11분
긴의 장수은행나무 82p

✓ 반나절 도보 여행

히타카츠국제터미널
↓ 도보 20분
히타카츠국내터미널
↓ 도보 10분
아지로의 연흔 31p

✓ 반나절 자전거 여행

히타카츠국제터미널
↓ 도보 5분
친구야 & 키요 86p 혹은
시마이 플라워숍 자전거 렌털
↓ 자전거 20분
미우다 해수욕장 79p
↓ 자전거 2분
나기사노유 82p
↓ 자전거 20분
히타카츠 중심가

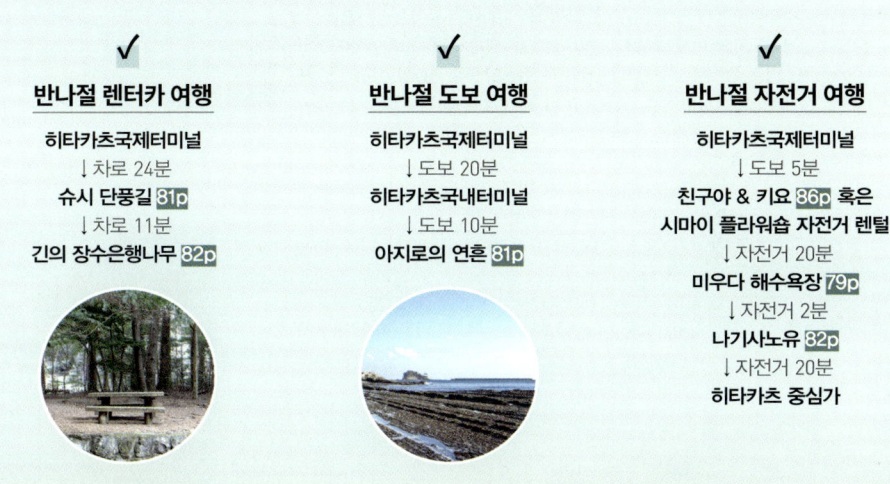

Map Info
• 히타카츠항 → 히타카츠 버스정류장: 약 1.1km, 도보 13분 거리

Sightseeing ★★★

한국전망대(조선국 역관사 순난비)
韓国展望所 | 칸코쿠텐보우쇼

쓰시마 최북단 와니우라 마을에 자리한다. 날씨가 좋은 날엔 부산이 보인다 해서 한국인 여행자들의 필수 코스가 되었다. 1997년 한국의 건축양식에 따라 지어졌는데, 전망대 설계를 위해 한국 건축 전문가를 섭외하고 재료도 전부 한국에서 공수하는 등 한국식을 고집했다. 공식 안내에 나온 설명처럼 작은 부분까지 신경 쓴 모습이 엿보이며, 전망대로 올라가는 길에 있는 게이트 역시 한국식 대문의 느낌이다.

날씨가 안 좋은 날에는 감상은커녕 날리는 머리를 감당할 길이 없을 만큼 매서운 바람이 부는 곳이기도 하다. 오래전 쓰시마에 살던 조선인들이 고향을 그리워하며 이곳을 오르기도 했다는데 마음 한쪽이 먹먹해진다.

전망대 바로 옆에는 조선국 역관사 순난비가 서 있다. 쓰시마 번주의 죽음을 애도하기 위해 떠나온 조선의 역관을 태운 배가 기상악화로 좌초하여 탑승객 108명 전원이 사망하는 사고가 이곳, 와니우라에서 일어난다. 때는 1703년, 당시 조선과 일본은 믿음으로 관계를 맺던 시기다. 조선통신사의 방문과는 별도로 쓰시마의 경조사가 있을 때 외교사절로 역관사가 오가곤 했다. 선린외교를 담당하던 역관사와 일행의 안타까운 죽음을 애도하기 위해 만든 추모비다.

Address 上対馬町鰐浦996
Access 히타카츠항에서 차로 18분.
버스 탑승 시 히타카츠 순환선 와니우라鰐浦 혹은 오치도落土 하차 후 도보 12분
Tel 0920-53-6111
Mapcode 972 068 849

Sightseeing ★☆☆

88개소 지장보살 순례길 御遍路

시코쿠의 88개소 순례길의 축소판으로 히타카츠 이외에 사스나 마을에도 88개소 지장보살 순례길이 있다. 각각의 지장보살마다 도장이 있어 스탬프 투어를 할 수 있는데, 순서대로 도장이 있는 것이 아니므로 확인하고 찍을 것.

순례길을 따라가면 히타카츠를 이리저리 다른 각도에서 바라볼 수 있는 것도 재미다. 시간 여유가 있는 여행자라면 산책할 겸 둘러보는 것도 좋을 듯하다. 렌터카 이용 시 게스트하우스 와키모토 뒤편 주차장을 이용하자.

Access 히타카츠항에서 좌측으로 걷다 곤피라 신사金比羅神社로 올라가며 시작 혹은 요정 치즈루料亭千鶴 식당 맞은편에서 시작
Mapcode 539 866 184 공용주차장

Sightseeing ★★☆
③ 와니우라의 이팝나무 鰐浦のヒトツバタゴ | 와니우라노히토츠바타고

매년 5월경 하얀색 꽃망울을 터트리는 쓰시마 시의 시목인 이팝나무. 한국과 중국에 주로 분포하고 일본은 쓰시마와 아이치 현 이치노미야 시에서만 자생한다. 쓰시마의 동식물을 살펴보면 이팝나무와 야마네코를 비롯해 일본 본토와는 다른 생태를 보이는 부분이 많다.
특히 와니우라는 이팝나무의 자생지로, 일본 국가 천연기념물로 지정되는 등 의미 있는 곳이다. 봄이 무르익으면 한국전망대 주변을 포함한 와니우라 일대에 하얀 꽃이 피어난다. 마치 눈이 온 풍경처럼 순백으로 뒤덮이는데 바다와 함께 어우러져 아름다운 장관을 만든다. 봄에 쓰시마를 방문한다면 반드시 둘러봐야 할 곳.

Address 上対馬町鰐浦
Access 히타카츠항에서 차로 23분. 버스 탑승 시 히타카츠 순환선 와니우라鰐浦 하차

Sightseeing ★★★
④ 미우다 해수욕장 三宇田海水浴場

'일본의 해안 100선'에 선정된 작지만 반짝이는 해수욕장이다. 처음 봤을 땐 '생각보다 작네~', 두 번째 갔을 땐 '아담해서 좋다', 세 번째 가니 '이렇게 예뻤나?' 싶은, 볼수록 애정이 가는 곳이다. 도보 여행자가 걸어가기에는 조금 멀고 택시를 타긴 조금 아쉬운 점이 있지만 그럼에도 미우다 해수욕장은 꼭 한번 가봐야 할 명소다. 바로 옆에 캠핑장이 있어 여름엔 캠핑을 즐길 수 있고, 가까운 곳에 나기사노유(82p)도 있어 온천에서 피로를 풀어도 좋다.
해수욕장이 개장하는 여름에는 샤워시설 등을 운영하는데 그 외의 계절에는 바다에 들어갈 수는 있어도 씻기가 힘드니 주의할 것. 더불어 해파리가 출몰하기도 한다니 조심하자. 미우다 해수욕장에는 커피를 파는 작은 스낵 카가 있다. 겨울이라면 따뜻한 커피를, 여름이라면 차가운 주스 한 잔을 들고 바다를 바라보는 시간도 좋다.

Address 上対馬町西泊1217
Access 히타카츠항에서 차로 5분.
버스 탑승 시 히타카츠 순환선
나기사노유渚の湯 하차 후
도보 2분
Mapcode 539 898 822

Sightseeing ★★★

니시도마리 해수욕장 西泊海水浴場

미우다 해수욕장에 밀려 상대적으로 덜 주목받고 있지만 이곳 역시 아름다운 풍경을 자랑한다. 고운 모래가 있는 해변으로 미우다 해수욕장보다 규모가 작고, 도보 여행자에게 접근성이 좀 떨어지는 편. 언덕 위에 자리해 전망 좋기로 이름난 카미소 호텔과는 산책길로 이어져 있어 카미소 호텔을 이용한다면 더욱 즐기기 좋다.

Address 上対馬町西泊428
Access 히타카츠항에서 차로 5분.
　　　 버스 탑승 시 히타카츠 순환선
　　　 니시도마리西泊 하차 후 도보 5분
Mapcode 539 868 421

Sightseeing ★★★

도노사키 공원 & 일러 우호의 언덕 殿崎国定公園 & 日露友好の丘

도노사키 지역의 널찍한 공원이다. 도노사키 일본 해전 기념비와 일러 우호의 부조상이 있다. 이 주변은 러일전쟁 때 러시아 군인들이 상륙했던 장소로 당시 쓰시마 주민들은 전쟁에 패한 러시아 군인까지 간호하고 보살피는 온정을 베풀었다고 한다. 부조상에 이와 관련된 이야기가 표현되어 있다. 이 언덕에서 미우다 해수욕장까지 가는 길의 바다가 보이는 풍경이 아름답다.

Address 上対馬町西泊
Access 히타카츠항에서 차로 8분.
　　　 버스 탑승 시 히타카츠 순환선
　　　 니시도마리西泊 하차 후 도보 25분
Mapcode 539 899 273

Writer's Pick 쓰시마에 응급환자가 생기면?

일본 본토와 멀리 떨어진 쓰시마에서 응급환자의 이송은 어떻게 할까? 미쓰시마에 대형 병원인 쓰시마 병원이 있고, 각 마을마다 병원과 진료소가 있지만 더 긴박한 응급환자나 쓰시마에서 치료를 받을 수 없는 환자의 경우 일본 본토로 이송한다. 이때 헬기를 이용하기도 하는데 가미쓰시마의 일러 우호의 언덕 근처, 이즈하라의 이사리비 공원 근처에는 헬기가 이착륙할 수 있는 헬기장이 있다. 이곳을 이용해 헬기로 환자를 이송한다고 한다.

Sightseeing ★★☆

❼
아지로의 연흔 & 하트스톤 網代の漣痕 & ハートストーン

바람이나 물의 움직임으로 만들어진 자연의 작품. 연흔이 넓게 펼쳐진 곳이다. 히타카츠항에서 도보 25분쯤 걸으면 아지로에 도착한다. 안내판을 만날 때까지 쭉 걷다가 '아지로의 연흔'이라는 안내가 나올 때 좌회전해 제방을 넘으면 연흔이 보인다. 두 개의 하트가 마주 보고 있는 하트스톤 Heart Stone이 있어 인증사진을 찍는 사람들도 있지만 생각보다 찾기 힘들다.

Address 上対馬町網代361
Access 히타카츠항에서 차로 6분.
게스트하우스 와키모토 뒤쪽의
다리를 건너 길 따라 도보 20분
Mapcode 539 837 403

Sightseeing ★★☆

❽
슈시 단풍길 舟志のもみじ街道

가미쓰시마의 봄을 상징하는 게 순백의 이팝나무 꽃망울이라면, 가을은 슈시 강의 단풍길이다. 슈시 강변을 따라 약 7km에 이르는 키가 높은 나무들이 이어진 숲길에 11월 초부터 알록달록 단풍이 들어 절경을 이룬다. 이 주변은 쓰시마에서 많이 자라는 삼나무와 편백나무가 가득한데 나무가 주는 상쾌함과 청량감에 푹 빠져들 수 있다. 가을과 여름엔 필수 코스, 겨울엔 약간 쓸쓸한 느낌이다.

Address 上対馬町舟志県道39号線
Access 히타카츠항에서 차를 타고
39번 도로로 26분. 버스 탑승 시
슈시·오시카선 진자마에神社前 하차
Mapcode 539 591 805

© 쓰시마시 부산사무소

Sightseeing ★☆☆

긴의 장수은행나무 琴の大銀杏

1,200~1,500년 정도로 수명을 추정. 백제인이 심었다는 은행나무다. 일본에서 가장 오래된 은행나무로 둘레 12.5m, 높이 23m인, 말 그대로 정말 커다란 나무다. 1798년 낙뢰로 불이 나기도 했지만 생명력을 잃지 않고 여전히 살아있다. 가을에는 노란 단풍으로 장관을 이루지만 겨울에는 정말 앙상하다.

Address　上対馬町琴675
Access　히타카츠항에서 차를 타고 39번 도로로 36분. 버스 탑승 시 슈시·오시카선 긴琴 하차, 장수은행나무가 바로 보임
Mapcode　539 505 300

Hot Spring ★★★

나기사노유 渚の湯

가미쓰시마의 온천이다. 여행자와 현지인에게 골고루 사랑받는 곳이며, 애매한 시간대에 도착해 운이 좋으면 나 홀로 온천을 즐기는 호사를 누릴 수 있다. 바다를 바라보며 즐기는 노천탕도 있는데 아쉽게도 1년 내내 하지는 않는다. 사우나와 전신마사지 기계가 있고, 휴식 공간이 넓어 목욕 후 잠시 쉬어 가기도 좋다. 히타카츠의 숙소 중에는 숙박객에게 나기사노유 픽업 서비스를 제공하는 곳이 있다. 숙소가 히타카츠 주변이라면 문의해보자.

Address　上対馬町西泊1217-8
Access　히타카츠항에서 차로 5분. 버스 탑승 시 히타카츠 순환선 나기사노유渚の湯 하차
Open　10:00~21:00, 월요일 휴무
Cost　성인 600엔, 70세 이상 450엔, 초·중학생 250엔, 유아 무료
Tel　0920-86-4568
Mapcode　972 013 010

Food : 한국어 메뉴 | 추천

이자카야 히데요시 居酒屋ひでよし

낮에는 점심 먹기 좋고, 밤에는 술 한잔하기 좋은 아담한 식당이다. 부부가 운영하는데 한국인 여행자들을 기분 좋게 맞아주신다. 우리의 설날이나 추석 등에는 한국인 여행자를 대상으로 소소하지만, 정감 있는 이벤트도 한다. 단골 분식집에 가듯 찾아가기 좋은 식당으로 추천 메뉴는 닭고기덮밥과 돈가스다. 주문하면 그 자리에서 만들기 때문에 시간이 좀 걸린다. 재료가 떨어지면 주문이 안 되는 메뉴가 있다. 주문 전에 말씀해 주시니 잘 들어보자.

Address 上対馬町比田勝835
Access 히타카츠항에서 도보 7분
Open 12:20~14:00, 17:00~23:30, 부정기 휴일
Cost 닭고기덮밥 650엔, 돈가스 정식 1,200엔
Tel 0920-86-2970
Mapcode 539 866 184 공용주차장

돈가스용 고기

Food : 한국어 메뉴 | 추천

미마츠 美松

오래된 경양식 식당 느낌의 카페 겸 레스토랑이다. 안으로 들어서면 생각보다 내부가 넓어서 놀라게 된다. 좌석도 넉넉하고 메뉴 또한 많다. 주로 양식 계열인데 케첩으로 맛을 내는 나폴리탄 스파게티, 돈가스를 넣은 돈가스 샌드위치 등 일본식으로 해석한 양식 메뉴도 있다.
브레이크 타임이 없어 시간이 애매할 때 식사나 카페로 이용하기 좋고 느긋한 분위기가 있다. 타임머신을 타고 70~80년대로 온 듯한 오래된 인테리어와 예스러운 느낌을 즐겨보자. 여유롭게 즐길 수 있는 샌드위치와 음료 추천.

Address 上対馬町比田勝819
Access 히타카츠항에서 도보 7분
Open 10:00~22:00, 금요일·부정기 휴일
Cost 미마츠 런치 1,400엔, 돈가스 샌드위치 800엔, 커피 300엔
Tel 0920-86-2411
Mapcode 539 866 184 공용주차장

Food : 한국어 메뉴

야에 식당 八重食堂

'규슈의 맛집 100선'에 포함된 현지인 맛집이다. 한국인 여행자에게 불친절하다는 평이 있지만, 그냥 이 가게의 스타일인 듯하다. 점심에는 식당, 밤에는 이자카야 느낌인데 우리의 분식집처럼 이곳도 메뉴가 엄청 많다. 어떤 메뉴를 주문해도 맛이 괜찮다. 나가사키짬뽕, 쟁반우동 등이 인기 메뉴지만, 대부분의 메뉴가 무난하게 사랑받는 편. 생강돼지고기덮밥도 괜찮다. 늦게까지 영업하는 것도 장점.

Address	上対馬町比田勝818
Access	히타카츠항에서 도보 9분
Open	10:00~20:00, 화요일 휴무
Cost	나가사키짬뽕 700엔, 쟁반우동 750엔, 생강돼지고기덮밥 750엔
Tel	0920-86-2152

Mapcode 539 866 184 공용주차장

Food : 한국어 메뉴

미나토스시 みなと寿司

게스트하우스 와키모토 길 건너편에 있다. 히타카츠항에서 올라오면 바로 보이는 좋은 위치 때문에 여행자들이 가장 쉽게 찾아가는 식당이다. 점심시간에는 단체 관광객이 많고, 저녁에도 손님이 많다. 실내에서 흡연이 가능하니 참고할 것.

초밥우동 세트

Address	上対馬町比田勝1006
Access	히타카츠항에서 도보 5분
Open	11:00~14:30, 18:00~22:00, 부정기 휴일
Cost	초밥우동 세트 1,000엔, 생선회 정식 1,500엔
Tel	0920-86-3710

Mapcode 539 866 184 공용주차장

Tip 쓰시마 식당에 없는 것과 있는 것!
여행의 큰 즐거움 중 하나는 맛집 탐방이다. 여행을 계획하며 명소보다 맛집 검색을 먼저 하는 사람들도 많다. 하지만 여행 전 쓰시마의 식당에 너무 큰 기대는 하지 않는 게 좋다.

1. 화려한 식당은 없다
대부분의 식당이 소박한 인테리어와 동네 식당 분위기다. 단체 관광객을 위해 특별히 만들어진 몇몇 식당이 아니면 규모가 매우 작은 편. 화려한 식당을 기대했다면 실망할 것이다. 게다가 운영하시는 분들의 나이가 지긋하신 경우도 많은데 중심가에서 멀어질수록 더 그렇다. 할머니나 할아버지가 혼자 운영하는 작은 식당의 경우 위생 상태가 의심스러운 때도 있다. 그러나 그 지역에 하나밖에 없는 식당이라든지 하는 이유로 의미가 있는 곳들이다. 취재 기간 중 한 식당은 주인할아버지, 할머니가 아프셔서 문을 닫은 곳이 있었다. 그 근방에 식당이라고는 그 집 하나여서 무척 아쉬웠다.

2. 전문점이 많지 않다
몇몇 향토요리 전문점과 고급 식당을 제외하면 전문점이 아닌, 서민들이 찾는 다양한 메뉴를 갖춘 식당이다. 예를 들면 돈가스, 튀김, 카레 등이 단골 메뉴다. 히타카츠를 중심으로 가미쓰시마 식당에는 돈짱 메뉴와 나가사키짬뽕이 있는 식당이 많다.

3. 여유로움과 소박함, 한국어 메뉴가 있다
쓰시마 대부분의 식당에는 브레이크 타임이 있다. 주로 14:00~18:00 사이에 문을 닫고 저녁 준비를 한다. 하지만 여행자가 기다리고 있으면 조금 일찍 문을 열거나, 살짝 늦게까지 기다려 주는 경우도 있다. 한국인 여행자가 많이 찾기 때문에 여러 식당에 한국어 메뉴가 있어 일본어를 몰라도 주문할 수 있다.

Food : 한국어 메뉴 | 추천

⑤ 산라쿠스시 三楽寿司

식당 골목 안쪽에 숨어 있다. 단체 손님이 있는 경우 개인 여행자는 이용이 제한된다. 스시, 회 정식, 산라쿠 정식 등과 돈짱 메뉴가 있고, 식당 안에서는 사진 촬영을 금지하고 있다. 주문한 음식을 찍는 것은 괜찮다고. 전체적으로 조용하게 식사하는 분위기다. 흡연이 가능한 곳이니 담배 연기에 민감한 사람들은 참고할 것.

Address	上対馬町比田勝836-2
Access	히타카츠항에서 도보 7분
Open	11:30~14:00, 17:00~22:00, 부정기 휴일
Cost	스시 1,180엔, 회 정식 1,330엔, 돈짱 정식 1,100엔, 돈가스덮밥 800엔
Tel	0920-86-2143

Mapcode 539 866 184 공용주차장

Writer's Pick 가미쓰시마의 명물 돈짱

히타카츠 식당에는 유독 자주 보이는 메뉴가 있다. 바로 돈짱とんちゃん이라는 메뉴다. 우리 입맛에도 잘 맞는 돼지고기양념구이인데, 알고 보니 한국의 양념갈비가 전해져 변형된 음식이었다. 돈짱은 간장이나 된장을 베이스로 해 마늘과 참기름 등을 넣은 양념에다 돼지 등심을 재운 뒤 구워서 먹는다. 철판에 굽는 게 특징인데 그래서 약간의 불맛이 나는 것도 돈짱의 매력.

지역 특색이 살아있는 요리들이 경합하는 '일본 B-1 그랑프리'에서 2012년과 2015년에 실버 그랑프리를 수상하는 등 본격 맛있는 지역 음식으로 인정받은 요리다. 특히 가미쓰시마 주민들을 중심으로 구성된 '쓰시마 돈짱 부대'는 돈짱과 쓰시마를 알리는 데 앞장서고 있다. 2012년부터 집에서도 돈짱을 즐길 수 있도록 팩에 넣어 판매하는 등 상품화가 진행되었다. 2013년에는 일본의 유명 제과회사인 야마하치 제과에서 인기 샌드위치 시리즈 런치팩의 하나로 '가미쓰시마 돈짱풍 런치팩'을 출시하기도 했다. 팩에 담긴 돈짱을 쓰시마물산관을 비롯해 쓰시마의 기념품 상점에서 쉽게 구할 수 있다.

일본인 입맛에 맞춰 달달하고 짭짤한 간이 특징인데 한국인도 맛있게 먹을 수 있는 맛이다. 다 구워서 나오는 곳과 손님이 직접 구워 먹는 곳 등 식당마다 돈짱의 모습이 다르다. 일본의 맥주 브랜드 아사히에서 제공하는 '가미쓰시마 돈짱 지도'가 있는데 이 지도에 12개의 가미쓰시마 지역 식당이 소개되어 있다. 책에서 소개하는 이자카야 히데요시, 야보텐, 산라쿠스시, 미나토스시, 야에 식당, 카이칸 식당 등이 포함되어 있다.

Food | 한국어 메뉴 | 추천

친구야 & 키요 Chinguya & KiYo

이즈하라에 있는 친구야 카페와 쓰시마버거 키요의 하이브리드 형태. 친구야 카페에서 한국인 여행자에게 제공하는 넉넉한 서비스와 키요에서 맛볼 수 있는 쓰시마버거를 동시에 만날 수 있다. 이즈하라의 키요에서 소스 등을 공수해 오기 때문에 재료가 떨어지면 주문이 안 되는 메뉴가 있다.

규모는 좀 작지만, 여행자라면 꼭 한 번 지나치게 되는 위치에 있어 찾기 쉽다. 자전거 대여도 할 수 있는데 인터넷으로 예약할 수 있으니 쓰시마 도착 전에 예약하자. 특히 전동자전거의 경우 인기가 많아 여행자가 몰리는 날에는 구하기 힘들다. 홈페이지를 통해 미리 예약, 할인도 받자.

Address	上対馬町比田勝850
Access	히타카츠항에서 도보 7분
Open	10:00~16:00, 부정기 휴일(자전거 대여는 가능)
Cost	쓰시마버거 590엔, 쓰시마치즈버거 690엔
Tel	070-7842-7634
Web	www.chinguya.co.kr

Mapcode 539 866 184 공용주차장

전동자전거는 미니벨로 형태

강약 조절이 가능하다.
뒤쪽에 잠금장치가 있다.

쓰시마의 오징어와 톳이 들어간 쓰시마버거

Food : 한국어 메뉴

카페 뮤 Cafe MYU

히타카츠에 몇 안 되는 카페 중 하나. 소녀 같은 느낌의 주인분이 운영한다. 날마다 추천 메뉴가 바뀌는데 주로 팬케이크나 샌드위치 종류다. 카페 스타일의 브런치를 즐기고 싶다면 추천. 히타카츠 버스정류장 맞은편에 있어 버스 기다릴 때 가기 좋다.

Address	上対馬町比田勝687-4
Access	히타카츠항에서 차로 4분. 히타카츠 버스정류장 맞은편
Open	09:00~18:00, 부정기 휴일
Cost	팬케이크 580엔, 커피 300엔
Tel	080-5427-5778
Web	emitomo.jimdo.com

Mapcode 539 865 071

Food

포에무 빵집 パンのポエム

히타카츠를 대표하는 빵집이다. 아침부터 저녁까지 영업하는데 매일 아침 포에무 빵집 앞을 지나갈 때면 기분 좋은 빵 냄새를 맡을 수 있다. 빵 종류는 여러 가지로, 한국인에게는 야키소바(짭잘한 양념에 볶은 국수)를 넣은 빵이 인기가 있다. 다른 빵들도 먹음직스럽다.

Address	上対馬町比田勝
Access	히타카츠항에서 차로 2분 혹은 도보 6분
Open	08:00~19:00
Cost	야키소바빵 180엔, 샐러드빵 180엔
Tel	0920-86-2842

Mapcode 539 866 184 공용주차장

Tsushima | Kamitsushima

Food : 한국어 메뉴 | 추천
❾ 야보텐 やぼてん

한국인 여행자들과 이야기하기 좋아하는 유쾌한 주인아저씨가 계신다. 메뉴는 돈짱과 나가사키짬뽕이 있고, 2인이라면 돈짱 2인분에 짬뽕 1개를 주문해보자. 돈짱은 다 구워져 나오는 가게와 직접 구워 먹는 가게 등으로 나누어진다. 이곳 야보텐의 돈짱은 직접 구워 먹는 방식이다. 단, 먹을 땐 좋아도 다 먹고 가게를 나오는 순간 온몸에서 진동하는 돈짱 냄새에 정신이 혼미해질 수 있다.

Address 上対馬町比田勝664
Access 히타카츠항에서 도보 9분
Open 10:00~14:00, 17:00~25:00, 부정기 휴일
Cost 돈짱 1,000엔, 짬뽕 700엔
Tel 0920-86-2254
Mapcode 539 866 184 공용주차장

Food : 한국어 메뉴 | 추천
❿ 카이칸 식당 かいかん食堂

양이 많기로 유명한 식당이다. 불친절하다는 평도 있지만, 직접 만나 이야기를 나누다 보면 주인할아버지, 아저씨 모두 친절한 분들이다. 젊은 한국인 여행자가 늘어 점심과 저녁시간에는 줄을 서기도 한다. 한국어 메뉴가 있어 주문하기 편리하며 어떤 메뉴를 주문해도 푸짐하게 즐길 수 있다. 추천 메뉴는 새우튀김 정식.

Address 上対馬町比田勝943
Access 히타카츠항에서 도보 7분
Open 10:00~20:00, 부정기 휴일
Cost 새우튀김 정식 1,150엔, 돈가스 정식 1,300엔, 돈짱 정식 1,300엔
Tel 0920-86-2223
Mapcode 539 866 184 공용주차장

Food : 한국어 메뉴

⑪ 카즈 和

주로 단체 관광객이 점심을 먹는 식당이다. 도요포대와 가깝고 주변에는 이 식당과 바다 이외에 아무것도 없다. 바다가 보이는 한적한 풍경을 바라보며 식사할 수 있다. 한국전망대와도 가까우니 전망대 관람 전후로 점심을 먹을 예정이라면 후보에 올려두자. 단체 관광객이 많이 오긴 하지만 개인 여행자를 안 받는 건 아니다. 식당이 넓어 자리도 넉넉하다.

Address	上対馬町落土
Access	히타카츠항에서 차로 17분. 버스 탑승 시 히타카츠 순환선 오치도落土 하차 후 도보 6분
Open	11:00~14:30, 부정기 휴일
Cost	생선회 정식 1,000엔
Tel	0920-86-2121

Mapcode 972 099 271

Writer's Pick 다크 투어리즘, 도요포대 豊砲台跡

휴양과 관광이 아닌 역사적 사건, 재난, 비극적인 이야기를 품고 있는 장소를 찾아가는 다크 투어리즘 혹은 블랙 투어리즘이 늘고 있다. 예를 들어, 한국인 여행자가 들러볼 만한 대표적인 다크 투어 여행지는 군함도라 불리는 나가사키현 하시마 섬이다.

쓰시마는 여유롭고 느긋한 분위기의 섬이지만, 일본의 국경으로 은근한 긴장감이 있기도 하다. 식당 카즈에서 언덕을 조금만 오르면 도요포대를 만날 수 있다. 도요포대는 제1차 세계대전 후 대한해협 봉쇄를 목적으로 만든 곳으로 규모나 크기가 상당하다. 당시로는 세계 최대 규모의 거포였고, 실제로는 한 번도 발사한 적 없지만 일본은 도요포대의 위협 효과가 컸다고 본다. 그러나 강제노역으로 끌려온 조선인들이 동원되어 만들어졌다는 이야기가 있어 한국인 여행자 입장에서는 그냥 눈으로만 관람하긴 힘들다. 생각보다 규모가 크고, 분위기가 음산하니 혼자서는 가지 말 것.

Address	上対馬町豊
Access	히타카츠항에서 차로 17분. 버스 탑승 시 히타카츠 순환선 오치도落土 하차 후 도보 10분

Mapcode 972 098 475

Shopping

밸류 다케스에 히타카츠점
バリュースタジアムタケスエ比田勝店

쓰시마 곳곳에 자리한 슈퍼 체인 밸류 마트 중 히타카츠 지점이다. 규모는 작지만 접근성이 좋아 도보 여행자가 주로 이용한다. 마트 앞에 아이스크림 자판기가 있다. 차가 있거나 쇼핑을 목적으로 왔다면 조금 멀지만 규모가 큰 오우라 지점을 이용하자.

Address 上対馬町比田勝821
Access 히타카츠항에서 도보 7분
Open 09:00~21:00
Tel 0920-86-2017
Mapcode 539 866 184 공용주차장

Shopping

밸류 다케스에 오우라점
バリュースタジアムタケスエ大浦店

히타카츠항을 이용하는 당일치기 슈퍼털이 여행자의 집합소다. 일본 과자부터 한정 맥주, 생필품, 고양이 간식 등이 주요 표적. 바로 옆에는 면세 가능한 드러그스토어 마츠모토키요시가 있고, 옷이나 잡화를 파는 상점도 있는데 득템하기는 어려워 보인다. 도보 여행자가 히타카츠항에서부터 걷기엔 애매한 거리라 버스 이용을 추천하며 간혹 자전거로 가는 이들도 있는데 웬만하면 말리고 싶다. 갈 때는 괜찮은 편이나 쇼핑 후 짐을 싣고 돌아오는 길이 힘들다. 드러그스토어 추천 아이템 18p, 마트 추천 아이템 20p 참고.

Address 上対馬町大浦59
Access 히타카츠항에서 차로 8분.
버스 탑승 시 히타카츠 순환선 혹은 이즈하라·히타카츠선 오우라大浦 하차
Open 09:00~22:00(일요일 08:00부터)
Tel 0920-86-2000
Mapcode 972 007 221

Stay
❶
카미소 花海荘

히타카츠항에서 차로 8분 거리, 니시도마리 산책길이 있는 언덕 위 호텔이다. 오션뷰 전망 만족도가 높은데, 바다가 보이는 방에서 일출과 일몰을 감상하는 호사로운 시간을 가질 수 있다. 또 하나의 큰 매력은 니시도마리 해수욕장까지 이어지는 산책 코스다. 가볍게 산책할 수 있고 울창한 나무 숲길 어두운 그늘을 지나면 예쁘게 빛나는 니시도마리 해변을 즐길 수 있다.

Address	上対馬町西泊390
Access	히타카츠항에서 차로 10분 이내
Cost	1인 조식 포함 7,080엔~, 숙박만 6,200엔~
Tel	0920-86-3120 Web www.kamiso.jp

Mapcode 539 868 215

Stay
❷
게스트하우스 와키모토
ゲストハウスわきもと

와키모토 식품점 2층에 있는 게스트하우스다. 2014년 오픈, 전 객실이 도미토리이며 위치가 좋다. 건너편에 자리한 친구야 & 키요 옆 와키모토 상회 본점脇本本店과 헷갈릴 수 있으니 주의할 것. 20시까지는 체크인을 해달라는 부탁이 있다.

Address	上対馬町比田勝 Access 히타카츠항에서 차로 5분
Cost	1인 조식 포함 4,660엔, 숙박만 4,060엔
Tel	0920-86-2030

Mapcode 539 866 184

Stay
❸
미우다 펜션 対馬みうだペンション

미우다 해수욕장, 나기사노유와 가까운 펜션이다. 펜션 앞에 널찍한 공터가 있고 온천 스탠드도 있다. 객실에는 가스레인지를 비롯해 조리기구가 있어 직접 식사를 해 먹을 수 있다. 도구를 빌려서 바비큐를 즐기는 것 또한 가능하다.

Address	上対馬町西泊1201
Access	히타카츠항에서 차로 5분
Cost	4인실 기준 1박 12,000엔~
Tel	0920-86-3110

Mapcode 539 897 837

Writer's Pick 온천수를 살 수 있다?

온천이 많은 일본에서는 온천수를 판매하기도 한다. 주유소의 주유 기계를 닮은 듯한 온천 스탠드는 온천수를 살 수 있는 곳이다. 쓰시마에는 두 곳의 온천 스탠드가 있는데 하나는 가미쓰시마 미우다 펜션 앞. 다른 하나는 이즈하라 이사리비 공원에 있다. 가격은 100L에 100엔으로 저렴한 편. 하지만 100L를 담을 수 있는 커다란 용기가 없으면 이용할 수 없다. 주로 현지인들이 집에서 온천욕을 즐기고 싶을 때 이용한다.

Special Page
우리나라와 관련된 쓰시마 명소

일본의 대도시를 여행하며 만난 일본인에게 "쓰시마를 아세요?"라고 물으면 대부분 "잘 모른다."고 대답했다. 일본 본토보다 한국과 가까운 쓰시마는 우리와 더 긴밀한 관계일지도 모른다. 우리나라 삼국시대부터 역사적으로 연관이 있는 쓰시마의 명소들을 살펴보면 조금 더 의미 있는 여행이 되지 않을까?

① **한국전망대** 韓國展望所 78p 조선국 역관사 순난비
② **사오자키 공원** 棹崎公園 137p 볼모로 잡혀간 신라 왕자를 구하고 처형된 신라국사 박제상공 순국비
③ **장송사** 長松寺 82p 고려 최초의 대장경인 초조대장경과 백제인이 심은 장수은행나무
④ **원통사** 圓通寺 129p 이예 공적비와 고려 범종
⑤ **매림사** 梅林寺 103p 538년 백제 성명왕 시기에 백제의 불상과 경전을 가져와 건립한 절
⑥ **고후나코시** 小船越 103p 왜구를 근절시키고자 이종무 장군이 쓰시마를 정벌, 그의 전승지
⑦ **고모다하마 신사** 小茂田浜神社 1274년과 1281년 몽골군의 두 차례 일본 정벌 시도를 묘사한 안내판
⑧ **이시야네 돌지붕** 石屋根 100p 고구려의 창고인 부경과 모습이 비슷해 전해진 것으로 추정. 일본에서 쓰시마의 이즈하라 시이네 마을에만 있다.
⑨ **시미즈 산 성터** 清水山城跡 42p 조선 침략의 야욕을 드러낸 도요토미 히데요시가 1591년 임진왜란을 준비하며 이즈하라에 축조한 성
⑩ **오후나에** お船江 63p 조선통신사가 쓰시마에 도착해 처음 배를 정박한 곳
⑪ **이즈하라** ① **조선통신사의 비** 鮮國通信使之碑 41p ② **고려문** 高麗門 47p ③ **서산사** 西山寺 69p 사절단이 사용한 영빈관 ④ **국분사** 國分寺 44p 사절단이 사용한 객사 ⑤ **장수원** 長壽院 1693년 일본 본토에서 쓰시마로 건너와 조선과의 관계를 책임졌던 아메노모리 호슈의 묘 ⑥ **나카라이 도스이관** 半井桃水館 45p 쓰시마 출신 기자이자 소설가 나카라이 도스이의 기념관. 1882년『춘향전』을 일본에 소개했다. ⑦ **수선사** 修善寺 44p 최익현을 추모하는 비석 ⑧ **덕혜옹주 결혼 봉축 기념비** 德惠翁主結婚奉祝之碑 40p

미네

가미아가타

가미쓰시마

Mitsushima 미쓰시마

Intro

美津島

미쓰시마

쓰시마의 중앙으로, 북쪽(상대마 上対馬)과 남쪽(하대마 下対馬)을 이어주는 빨간 다리 만관교가 있는 곳이다. 만관교는 쓰시마를 대표하는 다리 중 하나로 이즈하라에서 히타카츠로 올라가거나 반대로 내려올 때 반드시 지나게 되는 쓰시마의 명소. 계획에 없더라도 쓰시마를 종단하는 코스라면 미쓰시마의 만관교를 지나게 된다.

위치가 위치인 만큼 쓰시마를 대표하는 시설이 몰려 있기도 하다. 작고 귀여운 쓰시마의 하나뿐인 공항이 있고, 쓰시마에서 가장 큰 병원인 나가사키 현립 쓰시마 병원이 있다. 일본 본토로 나가는 하늘 길, 쓰시마 야마네코 공항은 야마네코 랜드라는 별칭이 있다. 이곳에서 나가사키와 후쿠오카를 오가는 비행기가 매일 4~5편 운항한다. 깔끔하고 작은 관제탑과 활주로를 구경할 수 있어 흥미롭다. 더불어 가까운 곳에 있는 쓰시마 병원은 대형병원으로 쓰시마 현지인에게는 무척 중요한 장소다. 진료가 시작되는 시간부터 끝나는 시간까지 병원을 찾는 현지인이 많다. 버스를 타고 이동한다면 공항과 병원을 꼭 지나기 때문에 자연스럽게 외관과 주변을 구경할 수 있다.

아소만을 빼놓고 쓰시마와 미쓰시마를 말할 수는 없다. 쓰시마의 하롱베이라고 불리는 이곳은 전형적인 리아스식 해안으로 넓게 펼쳐진 바다에 수많은 섬들이 올랐다 내렸다 하며 아름다운 굴곡을 보여준다. 만관교 주변 전망대에 올라서면 하롱베이만큼은 아니지만 볼록하게 이곳저곳으로 이어진 귀여운 섬들의 모습을 구경할 수 있다. 예전부터 조선과 중국으로 출항하는 배가 아소만에서 출발하고, 아소만으로 도착했으며 날씨가 좋지 않아 배를 띄울 수 없을 때 날씨가 좋아지기를 기다렸던 장소도 바로 아소만이었다.

많은 일본인이 후지 산을 영산으로 여기듯이 쓰시마 사람들은 미쓰시마의 시라타케를 소중한 존재로 여겨왔다. 쓰시마는 일본 본토와 다른 독특한 생태의 섬으로, 시라타케 주변에는 한국과 일본에서 발견할 수 있는 식물이 혼재되어 서식하고 있다. 해발 519m의 시라타케 정상에서는 360도의 파노라마 전망이 펼쳐진다. '규슈의 명산 100선' 중 하나로, 1923년 국가 천연기념물로 지정되었다. 원래는 신라산이라고 불렸다는 이야기도 전해져 온다.

Sightseeing ★★★

쓰시마 그린파크 対馬グリーンパーク

현지인들에게 사랑받는 공원이다. 주말에는 나들이 나온 가족들과 야구장에 야구 연습을 나온 학생들이 모여드는 아늑한 분위기다. 놀이터에는 나무로 만들어진 오래된 느낌의 멋스러운 놀이기구가 있고 야구장, 테니스장 등의 시설도 야무지게 갖춰져 깔끔하게 운영되고 있다. 미쓰시마마치 해수욕장과 오타우라 해수욕장으로 들어가는 길에 만나는 공원으로 공원과 해수욕장을 함께 묶어 둘러보기도 좋다. 그린파크 중간에 길이가 긴 독특한 미끄럼틀이 있으니 꼭 타보자.

Address 美津島町鶏知乙324-1
Access 이즈하라항에서 차로 22분.
 버스 탑승 시 이즈하라·히타카츠선
 쓰시마 공항対馬やまねこ空港 하차 후
 도보 4분
Tel 0920-54-2501
Mapcode 526 384 853

아담한 산책 공간이 마련되어 있다.

Sightseeing ★☆☆

쓰시마 후루사토 전승관 対馬ふるさと伝承館

쓰시마의 전통을 살려 나가자는 취지의 공간이다. 쓰시마 소바 만들기와 도자기, 가죽 등의 공예 체험(예약 필수) 공간이 마련돼 있다. 향토음식을 맛볼 수 있는 식당도 자리하며, 기념품도 판매하고 있으니 관심이 있다면 한 번쯤 들러보자.

Address 美津島町鶏知乙461-6
Access 이즈하라항에서 차로 20분.
 버스 탑승 시 이즈하라·히타카츠선
 쓰시마 병원対馬病院 하차 도보 5분
Open 소바 만들기 체험 11:00~16:00,
 기타 체험 10:00~18:00,
 월요일 휴무
Tel 0920-54-8311
Web sakusyoku.com
Mapcode 526 413 558

Sightseeing ★★★

미쓰시마마치 해수욕장 & 오타우라 해수욕장
美津島町海水浴場 & 太田浦海水浴場

맑고 깨끗한 물이 투명하게 빛나고 있는 해수욕장이다. 두 해수욕장이 도보 3~5분 거리에 붙어 있는데 두 곳 모두 아름답다. 쓰시마 그린파크와 함께 이용하기 좋고, 고운 모래사장이 있어 아이들이 놀기에도 좋다. 오타우라 해수욕장 근처에는 소나무가 많은데 가을이 지나면 범상치 않게 큰 솔방울도 구경할 수 있다. 이 깨끗한 아름다움 속에 종종 한국의 쓰레기가 보여 부끄럽다. 해수욕장을 이용한다면 쓰레기와 뒤처리에 특히 신경을 쓰자.

Address 美津島町鶏知
Access 이즈하라항에서 차로 23분.
  버스 탑승 시 이즈하라·히타카츠선
  쓰시마 공항対馬やまねこ空港 하차 후
  도보 8분
Tel 0920-54-2271
Mapcode 526 384 683

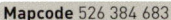

오타우라 해수욕장 가는 길

두 해수욕장 사이에 산책길이 있다.

Sightseeing ★★☆

④ 만관교 万関橋 | 만제키바시

1900년 일본해군이 함대의 통로로 이용하려 만든 해협에 지은 다리로, 세 번에 걸쳐 다시 만들면서 현재 모습이 되었다. 지금의 만관교는 길이 210m, 폭 10m로 처음 다리보다 2배 이상 길어지고 넓어졌다. 높이는 약 30m로 다리 위에서 내려다보면 아찔하다. 고소공포증이 있다면 조금 무서울 수도 있겠다. 다리 위에서 바라보는 양쪽의 풍경은 사뭇 다르다. 양쪽을 번갈아가며 풍경을 감상해보자. 길을 건널 때는 무조건 주의할 것.

이즈하라 방면에 만관교 광장이 자리한다. 렌터카 여행자라면 이 광장에 주차를 하고 만관교를 건너볼 수 있다. 광장에는 화장실과 이시야네 돌지붕 모형이 있어 잠시 쉬어 가기도 좋다.

도보 여행자라면 버스를 타고 만제키 정류장에서 하차한다. 정류장 한쪽 옆에는 식당들과 다코야키 같은 주전부리를 파는 우메야가 있고, 반대편에 만제키 전망대로 올라가는 작은 길이 있다. 전망대에선 만관교와 주변 풍경을 감상할 수 있으니, 돌아가는 버스 시간표를 확인하고 만관교와 전망대를 함께 둘러볼 것을 권한다.

Address 美津島町久須保
Access 이즈하라항에서 차로 30분.
　　　버스 탑승 시 이즈하라·히타카츠선
　　　만제키万関 하차
Mapcode 526 478 212

Writer's Pick 이시야네 돌지붕 石屋根

일본 내에서 쓰시마에서만 볼 수 있다는 독특한 건축양식이다. 과거 산림이 80% 이상이었던 쓰시마는 농작지가 부족해 식량 보존이 무척 중요했다. 바람이 많이 부는 자연환경과 화재도 자주 발생하여 식량 창고의 피해를 막고자 고안한 것이 바로 이 돌지붕 이시야네다.

고구려의 창고인 부경과 모습이 비슷한데, 기둥을 세워 바닥을 지면에서 떨어지게 해 집을 지은 다음 지붕에 돌을 올려 완성했다. 사용된 돌은 쓰시마에서 구하기 쉬운 평평한 돌. 바람, 화재, 습기에 강한 형태의 창고로 쌀과 같은 식량이나 생활도구 등을 수납하는 곳으로 사용했다.

독특하게도 이시야네는 쓰시마의 이즈하라 시이네椎根 마을에서만 볼 수 있는데, 쓰시마 공항과 만관교 주변 만관교 광장, 쓰시마 그린파크에 이시야네 돌지붕 모형이 있다.

Sightseeing ★★★

❺ 만제키 전망대 万関展望台

만관교와 아소만을 둘러볼 수 있는 전망대다. 렌터카 여행자라면 만제키 전망대 주차장까지 차로 올라갈 수 있다. 주차장에서 바로 전망대가 보인다. 도보 여행자는 만제키 버스정류장에서 건너편 안내판을 보고 길을 따라 걸어 올라가면 된다. 약 10분 정도면 도착할 수 있다. 전망대로 오르는 길은 차 한 대 정도만 통과할 수 있는 좁은 길이므로 운전에 유의할 것.

Address	美津島町久須保
Access	이즈하라항에서 차로 28분. 버스 탑승 시 이즈하라·히타카츠선 만제키万関 하차 후 전망대 안내판에서 도보 10분
Tel	0920-54-2271
Mapcode	526 477 739

만제키 전망대와 작은 공원이 있어 쉬어 가기 좋다.

Sightseeing ★★☆

⑥ 아소베이파크 あそうベイパーク

56.1ha 규모의 상당히 큰 자연공원으로 쓰시마를 대표하는 공원 중 하나다. 캠핑장과 생태공원, 골프장, 광장, 전망대, 산책로 등이 알차게 구성되어 있다. 가족 단위의 여행자에게 좋고, 쓰시마의 말인 다이슈바対州馬를 만날 수도 있다. 봄에는 현해 진달래와 동백꽃, 여름에는 연꽃공원의 수면 위에 핀 연꽃, 가을에는 국화와 코스모스 등 계절마다 다른 모습을 즐길 수 있는 곳이다.

Address 美津島町大山584-1
Access 이즈하라항에서 차로 35분. 버스 탑승 시 이즈하라·히타카츠선 이누보에 입구大吠口 하차 후 도보 20분(기사님께 아소베이파크에서 하차한다고 말해둘 것)
Open 09:00~18:00(7~9월 19:00까지)
Web asoubaypark.com
Mapcode 526 507 640

캠핑장에서 조금 걸어 나오면 아소만 풍경을 만날 수 있다.

Writer's Pick 쓰시마 야마네코 공항 対馬やまねこ空港

작고 귀여운 공항이다. 2층에는 쓰시마를 대표하는 서적과 특산품 등을 판매하는 상점이 있다. 공항 주변에 쓰시마에서만 볼 수 있는 이시야네 돌지붕과 귀여운 다이슈바 조형물이 있기도 하다. 공항에서 바라보는 전망도 좋아 시간적인 여유가 있다면 들러볼 만하다. 홈페이지에 들어가면 쓰시마의 상징인 야마네코가 박력 넘치게 달려서 ANA 비행기로 변신해서 날아간다. 이 공항을 야마네코 랜드라고도 부른다.

Address 美津島町鶏知乙283番地
Access 이즈하라항에서 차로 24분. 버스 탑승 시 이즈하라·히타카츠선 쓰시마 공항対馬やまねこ空港 하차
Tel 0920-54-3396
Web tsushima-airport.co.jp
Mapcode 526 414 821

Sightseeing ★☆☆

매림사 梅林寺 | 바이린지

538년 백제 성명왕 시기에 백제에서 불상과 경전을 가져와 건물을 지었고, 그 후에 절을 건립한 것이 매림사의 기원이다. 일본 최고(最古)의 절로 불리기도 한다. 이후 이 절은 조선과 쓰시마 무역에 중요한 역할을 담당하게 된다. 14세기 말부터 계속된 왜구의 침입으로 1419년(세종 1)에 이종무 장군은 쓰시마를 정벌한다. 이에 한동안 왕래가 중단되는데, 식량과 생활필수품 확보에 어려움을 겪던 쓰시마 도주는 통교(서로 사이좋게 지냄)를 간청한다. 이에 1443년(세종 25) 계해년에 조선은 쓰시마 도주와 무역에 관한 계해조약을 맺는다. 이 조약으로 조선으로 도항하려면 도항허가증을 받도록 했는데, 이곳 매림사가 도항허가증의 발급을 담당했다.

Address	美津島町小船越382
Access	이즈하라항에서 차로 40분
Tel	0920-55-0369
Mapcode	526 628 475

Writer's Pick 오후나코시와 고후나코시 大船越, 小船越

쓰시마는 아래위로 긴 모양의 섬으로, 동서를 이동하려면 남쪽이나 북쪽으로 돌아 나가야만 했다. 이런 불편을 해결하기 위해 두 섬을 잇고 있는 미쓰시마에서 배 밑바닥에 통나무를 깔고 육지로 밀어 올려 반대 방향으로 넘어가는 방법을 사용했다. 후나코시船越는 배를 넘긴다는 뜻으로 미쓰시마에는 오후나코시와 고후나코시라는 지명이 남아 있다.

지금은 오후나코시에서 오후나코시바시大船越橋라는 붉은 다리를 볼 수 있고, 고후나코시에는 니시노코이데西漕手라는 포구가 남아 있어 작고 소박한 옛 포구 풍경을 감상할 수 있다.

오후나코시바시 大船越橋
만관교와 쓰시마 공항 사이에 382번 도로를 따라가면 나온다. 만관교와 같은 붉은 다리지만 둥근 아치형의 만관교와는 다르게 각진 사각형 모양이다.

Address	美津島町大船越
Access	이즈하라항에서 차로 30분
Mapcode	526 417 108

니시노코이데 西漕手
매림사 근처에 있다. 입구西の漕出에 작은 주차장이 있으니 렌터카 여행자는 이곳에 차를 세운 뒤 둘러보자. 주차장에서 니시노코이데까지는 도보 1분 정도.

Address	美津島町小船越
Access	이즈하라항에서 차로 37분
Mapcode	526 628 321

Sightseeing ★☆☆

⑧

가네다 성터 & 죠야마 金田城跡 & 城山

아소만 남쪽 죠야마에는 667년 축조된 가네다 성터가 남아 있다. 663년 백촌강 전투에서 나당연합군에 패배한 이후 신라의 영향력이 커지자 만든 성벽이다. 가네다 성터는 후쿠오카 현 치쿠젠筑前의 오노大野 성, 사가 현과 나가사키 현 히젠肥前의 기基 성과 함께 산등성이를 따라 축조된 조선식 산성이다. 1982년 국가 특별 사적으로도 지정되었다.

도보 여행자는 택시를 이용해 가네다 성 유적지 입구에서 하차, 렌터카 여행자는 등산로 입구까지 이동한 후 올라갈 수 있다. 비포장도로에 길이 좁으니 조심하자. 정상까지는 3~4시간이 소요되며 정상에서는 아소만의 풍경을 감상할 수 있다.

Address 美津島町黒瀬
Access 이즈하라항에서 차로 38분. 가네다 성터 등산로 입구 도착 → 가네다 성터 등산로 입구에서 도보 50분 → 가네다 성터 & 죠야마 정상 도착
Mapcode 526 438 858

Sightseeing ★☆☆

⑨

시라타케 白嶽山

쓰시마 사람들에게는 신앙의 대상이었던 영산으로 '규슈의 명산 100선'에 포함되었다. 등산을 좋아하는 여행자에게 추천하며 왕복 약 4시간 30분 정도가 소요되는 등산 코스가 있다. 정상에서는 360도로 펼쳐지는 멋진 전망을 볼 수 있고, 날씨가 좋을 때는 한국도 보인다고 한다. 원시림이 가득한 시라타케는 예전 그대로의 모습을 지켜오고 있으며, 아주 옛날 신라산이라고 불렸던 것이 시라타케가 되었다는 설도 있다. 쓰시마의 유명한 술 이름도 시라타케인데, 산자락에서 솟는 샘물로 만든다고. 도보 여행자는 택시를 이용해 시라타케 등산로 입구 주차장에서 하차, 렌터카 여행자는 이곳에 주차한 뒤 등산을 시작하자.

Address 美津島町洲藻
Access 이즈하라항에서 등산로 입구까지 차로 38분. 택시 이용 시 티아라 몰에서 등산로 입구까지 편도 약 3,500엔
Mapcode 526 348 795

Hot Spring ★★★☆

윳타리랜드 쓰시마 湯多里ランドつしま

현지인도 간혹 보이지만, 주로 한국 단체 관광객이 이용하는 해수 온천이다. 깔끔한 온천 시설과 식사를 할 수 있는 식당, 휴게 공간 등이 있다. 입욕비는 쓰시마 온천 중 비싼 편에 속하지만 방문한 여행자들의 만족도가 높다. 온천 입구에는 단체 손님이 도착하는 시간과 인원이 적혀 있다. 개인 여행자라면 이 안내를 참고하여 붐비지 않는 시간에 이용하자.

Address	美津島町鷄知1168-1
Access	이즈하라항에서 차로 20분. 버스 탑승 시 이즈하라·히타카츠선 쓰시마 병원対馬病院 하차 후 도보 3분
Open	11:00~21:00, 화요일 휴무
Cost	성인 800엔, 70세 이상 및 초·중학생 500엔, 어린이 무료
Tel	0920-54-3336
Web	yuttariland.com/index.html
Mapcode	**526 413 675**

윳타리랜드 정문.
우측에 단체 손님이 도착하는 시간과 인원이 적힌 안내판을 볼 수 있다.

Hot Spring ★★☆

다마노유 真珠の湯

1995년 발굴, 1996년 오픈한 쓰시마 최초의 온천이다. 시설은 좀 낡았지만, 물이 좋아 현지인과 관광객에게 모두 인기를 얻고 있다. 단순 알칼리 온천으로 신경통, 만성 소화기 질환, 냉증 등에 효능이 있다고 한다. 쓰시마 그랜드 호텔 바로 앞에 있다.

Address	美津島町鷄知甲41-10
Access	이즈하라항에서 차로 15분. 버스 탑승 시 이즈하라·히타카츠선 다카하마高浜 하차 후 도보 20분
Open	10:00~20:00, 월요일 휴무
Cost	성인 400엔, 70세 이상 250엔, 초·중학생 150엔
Tel	0920-54-9100
Mapcode	**526 323 567**

Food ①

로와루 ロワール

이즈하라를 지나 미쓰시마의 네오 마을에 있는 스테이크와 함바그 전문점이다. 바다가 보이는 풍경이 펼쳐져 전망이 좋고, 음식 또한 맛있어 현지인에게도 인기가 많다. 점심시간에는 수프와 샐러드, 밥이 포함된 런치 세트를 판매하니 기왕이면 런치를 노려보자. 추천 메뉴는 갈릭 스테이크와 비프 함바그. 그 외의 메뉴들도 인기가 많다. 한국어 메뉴는 없지만 음식 사진이 있어 주문하기 편리하다.

Address	美津島町根緒7
Access	이즈하라항에서 차로 15분
Open	11:00~21:00, 목요일 휴무
Cost	런치 갈릭 스테이크 980엔, 비프 함바그 890엔
Tel	0920-54-3338

Mapcode 526 293 485

식전 샐러드

갈릭 스테이크

Food ②

이사리비 漁火

쓰시마 대표 리조트 호텔인 쓰시마 그랜드 호텔의 레스토랑이다. 하지만 엄청 특별한 점은 없으니 큰 기대는 하지 말자. 전망이 괜찮아 날씨가 좋다면 충분히 가볼 만하다. 호텔 앞에는 다마노유 온천이 있고, 레스토랑 맞은편에 빵 공장 플라쥬가 있다. '식사 → 온천 → 빵집' 세트로 즐기기 좋을 듯. 런치 뷔페(11:30~14:00)와 단품 메뉴가 있다.

Address	美津島町鶏知甲41-10
Access	이즈하라항에서 차로 20분. 버스 탑승 시 이즈하라·히타카츠선 다가하마高浜 하차 후 도보 15분
Open	11:00~22:00(L.O. 21:30)
Cost	런치 뷔페 성인 1,320엔, 초등생 880엔, 3살 미만 유아 650엔
Tel	0920-54-9100

Mapcode 526 323 599

굴튀김 정식

Food
③
쓰시마테이 사토 つしま亭さと

만제키 버스정류장 건너편에 위치한다. 실내는 넓고 깨끗하며, 바다가 보이는 풍경을 감상할 수 있는 창가 자리도 있다. 주메뉴는 쓰시마 향토요리 돈짱과 쓰시마에서 양식한 참다랑어로 만든 사이코로 스테이크 등이다. 한국어 메뉴는 없지만 음식 사진이 있어 사진을 보고 고르면 된다. 만관교와 가깝고 다코야키 가게 우메야, 단체 여행자들이 식사할 수 있는 식당들과 나란히 있다.

Address 美津島町久須保661-3
Access 이즈하라항에서 차로 29분.
 버스 탑승 시 이즈하라·히타카츠선 만제키万関 하차 후 도보 1분
Open 11:00~17:00, 17:00~21:00,
 목요일·부정기 휴일
 ※ 저녁 영업은 예약제
Cost 참다랑어 사이코로 스테이크 단품 1,000엔, 돈짱 정식 1,240엔
Tel 0920-54-2009
Mapcode 526 477 478

참다랑어 사이코로 스테이크

돈짱 정식

Food
④
우메야 うめや

쓰시마테이 사토 옆에 위치한 다코야키집이다. 오코노미야키나 음료 등의 주전부리를 판매한다. 주인아주머니도 친절하시고, 짭짤한 다코야키는 간식으로 먹기 좋다.

Address 美津島町久須保661-3
Access 이즈하라항에서 차로 29분.
 버스 탑승 시 이즈하라·히타카츠선 만제키万関 하차 후 도보 1분
Open 10:00~18:00, 부정기 휴일
Cost 다코야키(6개) 270엔,
 오코노미야키 470엔
Tel 0920-54-3785
Mapcode 526 477 478

Food
⑤
사카나야 엔 肴やえん

쓰시마 그린파크와 가까운 식당. 382번 도로변에 자리하고 있어 찾기 쉽다. 휴일엔 현지인들이 가족과 함께 외식하러 오는 모습도 보인다. 방이 따로 있어 개별적으로 식사하기 좋은 곳이다. 아쉽게도 한국어 메뉴는 없지만, 음식 사진이 있어서 사진을 보고 고를 수 있다. 튀김과 생선회가 함께 나오는 엔 정식, 튀김옷을 입힌 치킨에 마요네즈 소스가 올라간 치킨난반 정식 등 다양한 메뉴가 있다. 이름의 사카나는 물고기의 '魚'가 아니라 술안주나 흥을 돋우는 노래와 춤의 '肴'를 사용한다.

Address	美津島町鷄知乙332-1
Access	이즈하라항에서 차로 22분. 버스 탑승 시 이즈하라·히타카츠선 다루가하마 입구橋ヶ浜入口 하차 후 도보 10분
Open	11:00~15:00, 17:00~22:00, 월요일 휴무
Cost	엔 정식 1,600엔, 치킨난반 정식 1,080엔
Tel	0920-54-5081
Mapcode	526 414 006

치킨난반 정식

Food
⑥
레스토랑 & 카페 라일락 レストラン & カフェライラック

미쓰시마 그린파크 앞, 쓰시마 병원으로 향하는 179번 도로 입구 사이에 위치한 레스토랑 겸 카페다. 사카나야 엔 식당과 마주 보고 있는데 대로변에 있어 위치가 좋고 주차 공간이 넓어 렌터카 여행 중 들르기 좋다. 한국어 메뉴는 없고, 한국인 손님과 트러블이 있었는지 일본어가 불가능하면 입장을 자제해달라고 안내되어 있다. 하지만 매너 있게 인사를 건네고 메뉴판의 사진을 보고 주문하면 괜찮은 카페로 이용할 수 있다. 직원들은 친절한 편이고, 잠시 들러 커피를 마시기 좋다. 브레이크 타임이 없는 것도 장점.

Address	美津島町鷄知乙325-2
Access	이즈하라항에서 차로 22분. 버스 탑승 시 이즈하라·히타카츠선 다루가하마 입구橋ヶ浜入口 하차 후 도보 10분
Open	11:00~21:00, 화요일 휴무
Cost	케이크 세트 600엔, 특제짬뽕 880엔, 사이코로 스테이크 정식 2,500엔
Tel	0920-54-5000
Mapcode	526 414 035

케이크 세트

Food : 추천
❼
피터팡 ピーターパン

미쓰시마 게치 마을에 자리한 귀여운 빵집이다. 일본어로 빵은 パン, 피터팬은 ピーターパン인데 생각해 보면 이름도 귀엽다. 시간이 넉넉하다면, 게치 마을에 애정이 많은 귀여운 주인할머니와 노닥노닥 담소를 나누는 즐거움까지 덤으로 얻을 수 있다. 할머니 말씀에 의하면 사이키 밸류 마트가 생기면서 버스 노선이 달라져 게치 마을이 한적해진 게 아쉽다고. 케이크부터 과자류까지 종류가 많으니 천천히 골라보자.

Address 美津島町鷄知甲541
Access 이즈하라항에서 차로 20분.
　　　　버스 탑승 시 이즈하라-히타카츠선
　　　　게치미야마에鷄知宮前 하차 후
　　　　도보 2분
Open 　08:00~19:00, 부정기 휴일
Tel 　　0920-54-2960
Mapcode 526 352 833

Food : 추천
❽
야마다쇼게츠도 山田松月堂

쓰시마 특산물로 꼽히는 시오초코빵, 하치미츠 롤빵, 블루베리 시폰케이크 등을 파는 유명 제과점이다. 현지인에게도 인기가 많은데, 특히 매일 쓰시마 시 주민들의 생일케이크 제작으로 바쁘다. 특별한 일이 없는 한 휴일 없이 365일 오픈한다고. 고객이 직접 사진이나 그림 등을 골라 주문한 케이크가 많다. 모든 케이크의 그림은 야마다쇼게츠도의 따님이 직접 그리는데 그 솜씨가 보통이 아니다.

Address 美津島町鷄知甲494
Access 이즈하라항에서 차로 19분.
　　　　버스 탑승 시 이즈하라-히타카츠선
　　　　게치미야마에鷄知宮前 하차 후
　　　　도보 5분
Open 　08:00~20:00, 무휴
Cost 　　블루베리 무스 230엔,
　　　　몽블랑 310엔
Tel 　　0920-54-2038
Mapcode 526 352 747

Food
9

로셰 루가루 ロシェ・ルガール | Rocher Regard

케이크와 디저트 전문점이다. 이름과 외관으로 보아 프렌치 파티스리 스타일을 선호하는 듯하다. 커스터드 크림이 들어간 타르트나 푸딩 등의 종류가 많고, 계절 과일을 이용한 화려한 디저트도 많아 고르는 재미가 있다. 이즈하라에서 버스를 타고 구 나카쓰시마 병원 앞에 내려 건너편 파란 지붕 건물.

Address 美津島町鷄知甲371-1
Access 이즈하라항에서 차로 17분.
　　　 버스 탑승 시 이즈하라·히타카쓰선
　　　 구 나카쓰시마 병원旧中対馬病院
　　　 하차 후 도보 3분
Open 10:00~18:00, 월요일 휴무
Cost 타르트, 케이크류 300엔~
Tel 0920-54-3818
Mapcode 526 353 184

Food
10

빵 가게 대지의 은혜 大地のめぐみ

밸류 마트 미쓰시마점과 가까운 빵집이다. 이름처럼 정말 대지가 느껴지는, 풍성해 보이는 빵 종류가 많다. 디저트보다 식사대용 빵들이 매력적인데 들어서자마자 노르스름하고 풍만한 빵들에 배가 고파질 수도.

Address 美津島町鷄知乙520-38
Access 이즈하라항에서 차로 22분.
　　　 버스 탑승 시 이즈하라·히타카쓰선
　　　 다루가하마 입구樽ヶ浜入口 하차 후
　　　 도보 10분
Open 10:00~17:00, 일·월 휴무
Tel 0920-54-2535
Mapcode 526 383 193

Food

빵 공장 플라쥬 パン工房 PLAGE

쓰시마 그랜드 호텔 1층에 자리한 베이커리다. 호텔 베이커리지만 귀엽고 앙증맞은 빵들이 많고 가격대도 저렴한 편. 호빵맨, 고양이, 곰돌이빵 등 먹기 미안하지만 맛있게 생겨서 어쩔 수 없는 빵들이 인기.

Address	美津島町鷄知甲41-10
Access	이즈하라항에서 차로 20분. 버스 탑승 시 이즈하라-히타카츠선 다카하마高浜 하차 후 도보 15분
Open	10:00~19:00, 무휴
Cost	곰돌이빵 76엔, 커피 롤 151엔
Tel	0920-54-9100
Mapcode	526 323 599

> **Tip** 이즈하라에서 다녀오기 좋은 미쓰시마 반나절 빵집 투어
>
> 이름처럼 작고 귀여운 빵집 피터팡, 쓰시마 대표 제과점 야마다쇼게츠도, 화려한 타르트와 케이크가 매력적인 로셰 루가루, 정말 대지의 은혜가 느껴지는 빵 가게 대지의 은혜, 호텔 베이커리답지 않게 훈훈한 느낌의 빵 공장 플라쥬까지. 미쓰시마 게치에는 빵순이 빵돌이가 좋아할 빵집이 몰려 있다. 이즈하라에서 버스를 타고 15분 정도면 구 나카쓰시마 병원이나 게치 마을 신사 앞에 도착한다. 쓰시마 그랜드 호텔에 자리한 빵 공장 플라쥬만 조금 멀리 떨어져 있고, 이곳을 제외하면 걸어서 20~30분 내의 거리다. 걷는 데 무리가 없고, 빵을 좋아한다면 미쓰시마 빵집 투어도 즐겁지 않을까?

Tsushima | Mitsushima

Food : 한국어 메뉴

⑫
하루짱 라멘 春ちゃんラーメン

현지인에게 인기 있는 라멘집으로 한국어 메뉴가 있다. 라멘 단품과 더불어 세트 메뉴도 인기. 라멘과 볶음밥이 함께 나오는 야키메시 세트 A가 900엔, 여기에 교자가 더해진 세트 B는 1,030엔이다. 마늘과 깨가 준비돼 있어 토핑해 먹을 수 있고, 평소 싱겁게 먹는 사람에겐 간이 짤 수 있으니 주의할 것. 주말에는 브레이크 타임이 없다.

Address	美津島町鷄知乙497-7
Access	이즈하라항에서 차로 22분. 버스 탑승 시 이즈하라·히타카츠선 다루가하마 입구橋ヶ浜入口 하차 후 도보 10분
Open	11:00~15:30, 17:30~20:00, 부정기 휴일
Cost	라멘 500엔, 교자 350엔
Tel	0920-54-2394
Mapcode	526 383 467

Food

⑬
야스라기 やすらぎ

만관교와 만제키 전망대 사이, 만제키 버스정류장 앞의 카페 겸 식당이다. 다방 느낌이 물씬 나는 곳으로 382번 도로를 이용할 때 잠시 들러 쉬어 가기 좋다. 바로 옆에 쓰시마테이 사토 식당과 오코노미야키, 다코야키를 파는 우메야가 있다.

Address	美津島町久須保663
Access	이즈하라항에서 차로 30분. 버스 탑승 시 이즈하라·히타카츠선 만제키万關 하차
Open	11:00~20:00, 둘째·넷째 수요일 휴무
Tel	0920-54-2964
Mapcode	526 477 539

Shopping

❶
파루21 パル21

다이소, 서점, 옷 가게 등이 모여 있는 쇼핑센터다. 오락실과 가챠(뽑기 기계)가 있어 주말엔 현지 청소년들이 나들이 삼아 놀러 오는 장소기도 하다. 다이소 규모가 크고 베이킹, 포장, 생활용예, 문구용품 등이 볼만한 게 많으니 시간 여유가 있다면 들러보자. 파루パル는 '밭을 갈다, 파다'라는 뜻의 한국어 동사 어간 '파'와 일본어 동사 어미 '루'가 결합해 만들어진 말이다.

Address	美津島町鷄知乙387-11
Access	이즈하라항에서 차로 22분. 버스 탑승 시 이즈하라·히타카츠선 다루가하마 입구橋ヶ浜入口 하차 후 도보 10분
Open	09:30~20:00, 무휴	Tel	0920-54-2621
Mapcode	526 383 710

Shopping

❷
사이키 밸류 마트 미쓰시마점
サイキ美津島店

미쓰시마의 대형 슈퍼마켓이다. 바로 옆에 드러그스토어, 베이커리 등도 함께 둘러볼 수 있다. 이즈하라 티아라 몰, 가미쓰시마 밸류 마트 오우라점과 더불어 여행자가 많이 찾는 마트 중 하나. 마트 추천 아이템 20p, 드러그스토어 추천 아이템은 18p 참고.

Address	美津島町鷄知乙505-1
Access	이즈하라항에서 차로 22분. 버스 탑승 시 이즈하라·히타카츠선 다루가하마 입구橋ヶ浜入口 하차 후 도보 10분
Open	08:00~22:00	Tel	0920-54-3334
Mapcode	526 383 347

Stay
①
쓰시마 그랜드 호텔 対馬グランドホテル

쓰시마의 대표 리조트 호텔이다. 다만 휴양지의 고급 리조트 호텔과 비교하지 말아주시기를. 이 호텔의 가장 큰 장점은 멋진 오션뷰를 볼 수 있다는 것. 더불어 호텔 바로 앞에 쓰시마 최초의 온천 다마노유가 있다. 단순 알칼리 온천으로 신경통과 근육통에 효과가 있고 현지인에게도 사랑받는 온천이다. 호텔에는 런치 뷔페를 즐길 수 있는 전망 좋은 레스토랑과 맛있는 향기를 풍기며 먹음직스러운 빵을 굽는 베이커리도 있다.

Address 美津島町鷄知甲41-10
Access 이즈하라항에서 차로 20분.
버스 탑승 시 이즈하라·히타카츠선 다카하마高浜 하차 후 도보 15분
Cost 1인 석·조식 포함 13,110엔~
Tel 0920-54-9100
Web www.tsushima-grandhotel.jp/index.html
Mapcode 526 323 599

Stay
②
호텔 쿠코인 ホテル空港イン

쓰시마 공항과 가까운 호텔로 위치가 좋다. 건물과 시설이 좀 오래된 편이고, 담배 냄새가 나는 방이 있으니 주의. 마치 시간 여행을 온 것 같은 독특한 분위기를 느낄 수 있다. 조식은 일본 가정식으로 깔끔하다.

Address 美津島町鷄知乙362
Access 이즈하라항에서 차로 25분. 버스 탑승 시 이즈하라·히타카츠선 다루가하마 입구橋ヶ浜入口 하차 후 도보 5분
Cost 1인 조식 포함 5,616엔~, 숙박만 4,860엔~
Tel 0920-54-3329
Mapcode 526 383 626

Stay
③
로지 쓰시마 ロッジ対馬

쓰시마 공항 올라가는 길에 있는 로그하우스. 핀란드산 목재를 이용해 지은 목조 건물로 호텔이나 민숙 등과는 또 다른 분위기를 느낄 수 있다.

Address 美津島町鷄知乙306
Access 이즈하라항에서 차로 27분. 버스 탑승 시 이즈하라·히타카츠선 쓰시마 공항対馬やまねこ空港 하차 후 도보 5분
Cost 1박 조식 포함 6,480엔~
Tel 0920-54-4111
Mapcode 526 414 219

Toyotama 도요타마

Intro

豊玉
도요타마

　　　　　　일본 건국 신화를 간직한 비밀스러운 곳으로 쓰시마 사람들뿐 아니라 일본 각지에서 참배객이 찾아오는 와타즈미 신사가 있다. 쓰시마의 절경, 웅장한 아소만의 모습을 360도로 조망할 수 있는 명소 에보시다케 전망대와 작지만 알찬 신화의 마을 자연공원 등 그냥 지나치기 힘든 매력이 있는 곳이 바로 도요타마다. 정말 빠듯한 일정 때문에 둘러볼 곳 몇 군데만 고르는 여행자라도 와타즈미 신사와 에보시다케 전망대만큼은 꼭 권하고 싶다.

와타즈미 신사는 바다와 섬이 만나는 오묘한 자리에 있다. 신사의 정면에서 바다를 향해 다섯 개의 도리이鳥井가 있는데 그중 두 개는 맑고 깨끗한 바다와 닿아 있다. 밀물 때는 바다에 잠시 잠겼다가 썰물 때 그 모습을 완전히 드러내어 매우 신비롭다. 새하얀 자갈이 깔린 청초한 느낌의 이 아름다운 신사에는 옛날 옛적의 전설이 전해진다.

바다의 신 도요타마히코노미코토豊玉彦尊는 와타즈미노미야라는 궁을 짓는다. 어느 날 하늘의 형제 신들이 낚시를 하다 바늘을 떨어뜨려 그중 하나인 히코호호데미노미코토彦火火出見尊가 궁으로 내려온다. 그는 바다 신의 딸인 도요타마히메노미코토豊玉姬命를 보고 한눈에 반해 결혼하게 되는데, 3년 후 출산을 위해 마련된 곳이 바로 와타즈미 신사였다고 한다. 와타즈미 신사 뒤쪽으로 도요타마히메의 분묘가 있고, 주변을 산책하다 보면 도요타마히메와 관련된 안내문들을 찾아볼 수 있다. 신사 뒤로 이어지는 산책로에는 커다란 나무들이 서 있어 산림욕을 즐기기에도 좋다.

이 신사는 일본인, 한국인을 비롯해 다양한 국적의 여행자가 많이 찾는 명소로, 바다를 향해 있는 신사의 모습이 매우 영롱하고 아름답다. 하지만 날씨의 영향을 받아 때때로 을씨년스럽고, 쓸쓸한 모습을 보이기도 한다. 그러나 한반도를 향해 있는 도리이와 파란 바다로 이어지는 신사의 모습은 놓치기 아까운 풍경이다. 에보시다케 전망대, 신화의 마을 자연공원과 가까우므로 함께 묶어서 다녀오기 좋다.

도요타마는 이즈하라에서 차로 약 1시간, 히타카츠에서 약 1시간 20분 정도의 거리다. 쓰시마의 중심에 위치한 도요타마 니이 버스정류장은 주변으로 향하는 버스를 갈아타는 환승 정류장이기도 하다.

Half-day Tour

도요타마에서 꼭 가야 할 곳은 세 군데. 에보시다케 전망대, 와타즈미 신사, 신화의 마을 자연공원이다. 다행히 모두 모여 있어 도보 여행자도, 렌터카 여행자도 묶어서 다녀오기 좋다. 도보 여행자라면 니이 버스정류장 옆 쓰시마 교통사무소에서 콜택시를 부탁하자. 에보시다케 전망대 주차장까지 이동한 뒤 전망대를 보고 내려오면 된다. 다시 니이 버스정류장까지 오는 길이 조금 멀긴 하지만 못 걸을 거리는 아니다. 렌터카 여행자라면 전망대를 비롯한 세 곳을 둘러본 뒤 붕장어 맛집 아나고테이에 들러 식사하는 코스를 추천한다.

✓ 반나절 도보 여행

도시락 구입(혼케 가마도야 혹은 사이키 밸류 마트 123p 이용)
니이 버스정류장에서 콜택시
↓ 택시 10분(약 1,330엔)
에보시다케 전망대 118p
↓ 도보 30분
신화의 마을 자연공원 118p
도시락 점심식사
↓ 도보 4분
와타즈미 신사 119p

✓ 반나절 렌터카 여행

니이 버스정류장
↓ 차로 12분
에보시다케 전망대 118p
↓ 차로 5분
신화의 마을 자연공원 118p
↓ 차로 2분
와타즈미 신사 119p
↓ 차로 6분
아나고테이 점심식사 121p

Tsushima | Toyotama

Sightseeing ★★★

에보시다케 전망대 烏帽子岳展望台

쓰시마의 절경 리아스식 해안 아소만을 360도로 조망할 수 있는 작은 전망대다. 쓰시마에 여러 전망대가 있지만 그중 아소만을 제대로 즐기고 싶다면 에보시다케 전망대를 추천한다. 렌터카 여행자는 바로 앞 주차장까지 이동, 주차를 한 뒤 계단을 오르면 전망대가 보인다. 대중교통을 이용한다면 버스를 타고 도요타마 니이 버스정류장까지 온 뒤, 니이 버스정류장 바로 옆 쓰시마 교통사무소에 문의해 콜택시를 이용하자. 걸어서 가기엔 먼 거리다. 택시는 10분 정도 소요되며, 요금은 1,330엔 정도다.

Address 豊玉町仁位
Access 이즈하라항에서 차로 1시간 3분.
 버스 탑승 시 이즈하라-히타카츠선
 니이仁位 하차 후 콜택시 10분
Mapcode 526 743 274

Sightseeing ★★★

신화의 마을 자연공원 神話の里自然公園

에보시다케 전망대와 와타즈미 신사 사이에 있는 공원이다. 널찍한 공터와 놀이터, 일본식 정원, 캠핑장, 그리고 앞으로 펼쳐진 아소만의 바다 등 최적의 환경을 갖추었다. 여름엔 캠핑과 카약을 즐기려는 사람들에게 인기가 많다. 가족 단위의 여행객들이 그냥 지나칠 수 없는 매력이 있다. 캠핑장은 예약제로 운영되며, 공원은 연중 오픈한다. 샤워시설과 난방이 갖춰진 방갈로가 있는데, 특별한 하룻밤을 보내고 싶은 여행자에게 추천.

Address 豊玉町仁位51-1
Access 이즈하라항에서 차로 1시간.
 와타즈미 신사에서 도보 1분
Open 공원은 연중무휴
Mapcode 526 742 857

방갈로 내부

Sightseeing ★★★

③ 와타즈미 신사 和多都美神社

일본 건국 신화를 간직한 신사. 일본 내에서도 참배객이 많이 찾는 곳인데, 바다와 맞닿은 모습이 아름다워 여행자의 눈을 즐겁게 한다. 아소만에 떠 있는 도리이의 모습은 밀물과 썰물 때 서로 다른 풍경을 만든다. 신사 앞 먼 바다에는 진주 양식장이 있다. 신화에 등장하는 도요타마히메는 진주를 신격화한 것으로 보는데, 신사를 지나 몇 걸음 옮기면 도요타마히메로 보이는 여인의 동상이 있다. 여인을 지나 조금 더 걸으면 아주 작은 자갈 해변이 등장하는데 진주 해변Pearl Beach이란 이름을 가지고 있다. 작지만 아름다운 모습으로, 썰물 때 사라지는 신기한 해변이기도 하다.

Address 豊玉町仁位55
Access 이즈하라항에서 차로 1시간. 에보시다케 전망대에서 도보 30분
Tel 0920-58-1488
Mapcode 526 772 138

5개의 도리이 중 2개가 물에 잠긴다.

Tip 쓰시마 진주 세공

일본 내에서 진주 양식으로 유명한 곳 중 하나가 쓰시마다. 특산품 판매점에 들르면 반짝이는 진주로 만든 귀걸이, 목걸이, 팔찌 등 다양한 액세서리를 만날 수 있다. 쓰시마 진주는 브랜드의 마케팅 비용이 포함되지 않아 현지 구입 가격이 착하다. 친구야 카페(57p)에 문의하면 전문가의 스케줄에 따라 당일에도 진주 세공 체험을 할 수 있다. 가격은 500엔에 재료비(진주알 1개 800엔~)가 추가된다. 팔찌나 귀걸이 등을 만들며, 누구나 부담 없이 체험 가능하다.

Tsushima | Toyotama

Food : 한국어 메뉴

①
푸드트럭 후지야 ふじや

와타즈미 신사 앞 주차장에 자리한 작은 미니 트럭이다. 간이 판매 차량으로 소고기 크로켓, 앙금빵, 커피와 음료 종류를 판다. 바로 튀겨 주는 뜨거운 크로켓이 인기.

Open	08:30~17:00, 부정기 휴일
Cost	소고기 크로켓 150엔, 앙금빵 110엔, 커피 250엔

Mapcode 526 772 138

Writer's Pick 일본 여행의 재미, 자판기

일본 여행을 하며 즐길 수 있는 재미 중 하나가 바로 자판기 이용이다. 식당에서 점원에게 주문하는 대신 자판기에서 식권을 뽑거나, 하다못해 온천 입욕권도 자판기로 뽑는다. 쓰시마는 식당에서 자판기를 사용하는 경우는 드물지만 온천 자판기를 비롯해 다양한 자판기를 만날 수 있다. 여행을 하다 보면 추운 겨울이나 더운 여름에 자판기에서 뽑는 뜨겁고, 차가운 음료 한 캔이 정말 소중하다. 음료 자판기는 브랜드마다 파는 음료 종류가 다르니 골라 마시는 재미도 있다.

글리코 아이스크림 자판기는 히타카츠항, 밸류 다케스에 히타카츠점, 이즈하라 골목길 등에 있다.

산토리 자판기. 보스 커피와 녹차 및 우롱차.

포카 자판기. 과즙 음료 넥타와 단팥 음료.

코카콜라가 포함된 코카콜라 자판기는 대부분 빨간색.

오츠카 자판기. 포카리스웨트와 오로나민C가 보인다.

Food : 추천

❷ 아나고테이 あなご亭

쓰시마는 일본 내 높은 붕장어 어획량으로 유명하다. 산지인 만큼 신선한 요리를 즐길 수 있는데 뜻밖에도 여행자가 찾을 만한 식당은 많지 않은 것이 아쉽다. 아나고테이는 쓰시마 붕장어요리를 즐길 수 있는 대표적인 식당이다. 대중교통으로 접근하기 어렵다는 게 큰 단점. 렌터카 여행자라면 들러보자. 추천 메뉴는 붕장어를 돈가스처럼 튀겨낸 아나고가츠. 그 외의 메뉴들도 평이 좋으니 직원에게 추천 메뉴(おすすめメニュー | 오스스메메뉴)를 물어본 뒤 주문하자.

Address	豊玉町仁位2091-3
Access	이즈하라항에서 차로 1시간
Open	11:30~14:00, 18:00~21:00, 화요일 휴무
Cost	아나고가츠 정식 1,500엔
Tel	0920-58-2000
Mapcode	526 772 843

아나고가츠 정식

Food : 한국어 메뉴

❸ 도요타마 반점 豊玉飯店

도요타마 니이 버스정류장 건너편에 있어 위치가 좋은 중화요리 전문점이다. 도로변에 있기 때문에 렌터카로 여행하는 사람들도 쉽게 찾을 수 있다. 밖에서 보는 것보다 내부가 넓고, 좌석 여유도 있다. 이 식당의 특징은 메뉴를 반반 나눠서 주문할 수 있다는 것. 메뉴에 하프 ハーフ가 쓰여 있으면 반반 주문이 가능하다. 한국어 메뉴도 있으니 주문할 때 물어보자. 대표 메뉴는 사라우동(볶음우동), 짬뽕, 차항(볶음밥) 등. 싱겁게 먹는 사람들은 전체적으로 짜게 느낄 수 있다.

Address	豊玉町仁位1296-2
Access	이즈하라 항에서 차로 1시간 3분. 버스 탑승 시 이즈하라·히타카츠선 니이(仁位) 하차, 정류장 맞은편
Open	11:30~15:00, 17:00~21:00, 일요일 휴무
Cost	짬뽕 648엔/하프 324엔, 볶음밥 648엔/하프 324엔
Tel	0920-58-0783
Mapcode	526 833 432

하프 사이즈 짬뽕

Food : 추천
❹
네즈카시호 根津菓子舗

도요타마의 가스마키 전문점이다. 쓰시마에는 가스마키 전문점이 많은데 네즈카시호의 가스마키는 크기가 조금 작고 단맛이 강하지 않아서 좋다. 흰 앙금과 검은 앙금이 있고, 모나카 종류도 있는데 가격대나 크기, 포장도 적당해 선물용을 찾는다면 추천한다. 주인아저씨는 한국인 지인이 있어 몇 년 전 서울을 다녀오셨다는 이야기를 술술 해주실 만큼 정이 많고 친절하신 분이다.

Address	豊玉町仁位1323
Access	이즈하라항에서 차로 1시간 3분. 버스 탑승 시 이즈하라·히타카츠선 니이仁位 하차, 정류장 맞은편
Open	09:00~19:00, 부정기 휴일
Cost	가스마키 개당 80엔, 모나카 개당 95엔
Tel	0920-58-0020
Mapcode	526 833 344

Food
❺
우미고야 요시에이 海小屋吉栄

도요타마 니이 버스정류장에서 차로 약 15분(8.5km) 정도 떨어진 곳에 위치한 해산물 BBQ 전문점이다. 2016년 3월에 오픈. 식당 바로 앞에 바다가 펼쳐져 있다. 사계절 맛있는 해산물을 콘셉트로 하여 직접 굴 양식도 하기 때문에 저렴한 가격으로 굴을 비롯해 다양한 해산물을 구워 먹을 수 있다.

Address	豊玉町千尋藻73-1
Access	도요타마 니이에서 차로 15분
Open	11:00~14:00, 수·목 휴무
	※ 저녁 영업은 금~일 18:00~21:30
Cost	굴 1kg 1,000엔, 소라(3~4개) 550엔
	※ 음료 반입 가능(반입료 1인 500엔), 테이블 가격 별도
Tel	0920-58-0102
Mapcode	526 838 627

Food
⑥
혼케 가마도야 도요타마점
本家かまどや豊玉店

한국의 한솥도시락 같은 도시락 전문점. 니이 버스정류장과 가깝다. 버스와 택시를 이용하는 도보 여행자라면 이 도시락 집에서 도시락을 구입해 에보시다케 전망대를 들렀다 신화의 마을에서 점심식사를 해결하면 좋다. 한국어 메뉴는 없지만 도시락 사진이 잘 나와 있어 고르는 데 어려움은 없을 것. 체인점의 도시락이지만 정성껏 만들어 주기 때문에 만족도가 높다.

Address	豊玉町仁位1313-3
Access	니이 버스정류장에서 도보 1분
Open	08:30~20:00, 1월 1일 휴무
Cost	새우마요 520엔, 불고기 멘치가스 390엔
Tel	0920-58-1986
Mapcode	526 833 374

Shopping
①
사이키 밸류 마트 도요타마점
サイキ豊玉店

도요타마 지역의 슈퍼마켓. 빨간색 간판은 같지만 히타카츠와 오우라의 밸류 마트는 다케스에, 도요타마는 사이키로, 그 이름이 다르다. 물건은 오우라의 밸류와 비슷하고 초밥과 도시락, 반찬 등도 있다. 식당을 찾는 대신 식사대용으로 먹을 만한 음식을 사기에 좋다. 기타 마트 추천 아이템은 20p 참고.

Address	豊玉町仁位1536-1
Access	니이 버스정류장에서 도보 5분
Open	08:00~22:00
Tel	0920-58-0002
Mapcode	526 833 070

Stay
①
요시에이 민숙 民泊吉栄

우미고야 요시에이 식당에서 운영하는 민박집이다. 한적하고 작은 바다 마을에 위치한 가정집에서 묵어볼 수 있다. 현지인의 집에서 특별한 하룻밤을 보내고 싶다면 추천. 석식과 조식이 포함된 플랜을 이용할 수 있으며 다다미방과 화장실, 샤워시설이 잘 갖춰져 있다.

Address	豊玉町千尋藻240-2
Access	도요타마 니이에서 차로 15분
Cost	1인 조식 포함 6,000엔, 숙박만 5,000엔
Tel	0920-58-0265
Mapcode	526 869 353

Mine 미네

Intro

峰
미네

"여기 사람 살아요?" 쓰시마를 처음 온 여행자들이 묻는 질문 중 하나다. 특히 히타카츠항으로 입국해 쓰시마의 북쪽을 여행하면 쓰시마 사람보다는 한국인 여행자를 더 많이 만나기도 한다. 워낙 인구가 적은 데다가 급격히 고령화 사회로 접어들고 있기도 하고, 여행자의 이동 경로와 현지인의 생활 반경이 다른 이유도 있다. 이토록 한적한 쓰시마에서, 문득 더 한적한 느낌이 드는 곳이 바로 미네. 특별히 눈에 띄는 볼거리도, 먹거리도 적은 편이라 그냥 지나칠 수 있는 마을. 하지만 이 마을에는 보석 같은 온천 호타루노유와 감동적인 일몰을 보여주는 모고야 등 알고는 그냥 지나치기 아쉬운 숨겨진 명소들이 있다.

히타카츠와 이즈하라를 잇는 382번 도로를 따라 미네의 중심인 미네 마을회관과 농업위원회 건물을 만날 수 있다. 렌터카 여행자뿐 아니라 대중교통 여행자도 이동하기 쉽다. 버스를 타고 미네 버스정류장에서 하차하면 바로 건너편에 보인다. 이 건물 한쪽에는 무료로 관람 가능한 미네마치 역사민속자료관이 있다. 자료관 입구에서 방명록을 남기고 직원의 안내에 따라 입장하면 된다. 보통 이곳에서 미네 여행을 시작하면 좋다.

렌터카 여행자라면 48번과 39번 도로를 이용해 미네의 서쪽과 동쪽을 탐방할 수 있다. 꼬불꼬불 이어진 길을 따라가면 대한해협과 맞닿은 미네의 서쪽 해안가에 도착할 수 있다. 오래된 해신 신사와 창고로 사용했던 모고야 그리고 계단식 논 풍경이 멋진 오우미 마을의 오우미노사토를 볼 수 있다. 미네의 동쪽에는 조선 초기 통신사로 활약한 이예의 공적비가 있는 원통사와 '규슈·오키나와 길거리 음식 100선'에 선정된 유명 다이야키(우리의 붕어빵)집 나가도메카시텐이 필수 코스. 앙금이 가득 들어간 갓 구운 다이야키는 쓰시마의 대표 간식 중 하나다. 그야말로 100엔의 행복을 느낄 수 있는데, 이 다이야키를 사려고 현지인도 이즈하라나 가미쓰시마 등에서 일부러 찾아올 정도라고. 이렇듯 여유롭고 한적한 매력의 미네로 여행을 떠나보자.

Travel Tip

미네의 명소는 동쪽과 서쪽에 나누어져 있다. 렌터카 여행이라면 차로 약 12분 거리인 둘 사이를 오가는 데 큰 문제가 없을 것이다. 하지만 대중교통을 이용하기는 어렵다. 따라서 도보 여행이라면 한쪽을 선택하자. 온천이라면 서쪽, 다이야키와 쇼핑이라면 동쪽이다. 더불어 대중교통을 이용해 미네의 동쪽으로 갈 때는 미네 버스정류장이 아닌 도요타마의 니이 버스정류장에서 움직이는 것이 버스 시간상 좋다.

✓ 온천 여행 코스

미네 버스정류장
↓ 건너편
미네마치 역사민속자료관 130p
↓ 도보 6분
호타루노유 130p

✓ 쇼핑 여행 코스

사가 버스정류장
↓ 정류장 주변
원통사 129p
↓ 건너편
나가도메카시텐 131p
↓ 도보 21분
다이렉스 쓰시마점 131p
↓ 건너편
하트랜드 앞 버스정류장
↓ 니이·간선 버스
니이 버스정류장 도착

Sightseeing ★★☆

해신 신사 海神神社 | 가이진진자

바다의 수호신을 모시며 쓰시마 제일의 신사로 불리기도 한다. 에도시대까지는 하치만신八幡神을 모셨지만, 이후 해신인 도요타마히메노미코토豊玉姫命를 제사 지내며 지금의 이름이 되었다. 이 신사는 바다에 기대 살아온 쓰시마 사람들의 삶과 연관이 깊다. 지금도 음력 8월 5일이면 이곳에서 해신 신사 대제가 열리고 쓰시마 전역에서 참배객이 모인다. 신사는 이즈야마伊豆山 언덕에 위치해 계단이 많다. 올라가는 길에 두 팔을 벌려도 다 들어오지 않는 커다란 나무들이 하늘을 향해 쭉쭉 뻗어 있다. 구실잣밤나무, 참가시나무 등의 낙엽수와 느티나무 등이 있어 삼림욕을 하며 둘러볼 수 있다. 신사에 올라서면 바다가 보이는 풍경일까 싶었으나, 아쉽게도 전망이 시원하게 보이진 않는다.

Address 峰町木坂247
Access 이즈하라항에서 차로 1시간 20분
Tel 0920-83-0137
Mapcode 539 154 278

Sightseeing ★★☆

모고야 藻小屋

해신 신사 가는 길에 돌로 지은 창고의 모습을 볼 수 있다. 쓰시마에서는 집에서 좀 떨어진 곳에 창고를 짓고 해안가의 해초 등을 모아 두었는데, 그 흔적이 바로 모고야다. 햇볕에 말려 보관했던 해초는 거름으로 사용했다고. 창고가 있는 집에서만 해초를 채취할 수 있었기 때문에 이러한 창고를 지은 것이다. 모고야 유적도 흥미롭지만, 이 유적지에서 바다를 바라보면 기가 막힌 일몰을 감상할 수 있다. 해가 뉘엿뉘엿 넘어가는 풍경이 그림 같다.

Address 峰町木坂
Access 이즈하라항에서 차로 1시간 20분
Tel 0920-83-0137
Mapcode 539 153 350

Sightseeing ★★☆

③ 원통사 円通寺 | 엔쓰지

고려 동조약사여래좌상(銅造藥師如來坐像, 관람 불가능)과 고려 범종 그리고 이예 공적비(李藝功績碑)가 있다. 통신사의 섬 쓰시마는 다양한 유적을 만나볼 수 있다. 조선과 일본 두 나라는 조선 태종 때부터 교류하였는데 조선이 일본에 파견하는 사절을 통신사, 일본이 조선에 파견하는 사절을 일본국왕사(日本國王使)라고 칭했다. 이즈하라에서 찾을 수 있는 조선통신사의 흔적은 일본이 저지른 양란 이후에 일본의 요청으로 파견된 후기 사절단의 행적이 많다. 그런데 미네의 원통사에서는 전기에 통신사로 활약한 이예의 공적비를 만날 수 있어 특별한 곳이다.

Address 峰町佐賀573
Access 이즈하라항에서 차로 1시간. 버스 탑승 시 니이·긴선 혹은 미네·시코에선 사가佐賀 하차
Tel 0920-82-0270
Mapcode 539 134 533

Writer's Pick 전설의 외교관, 이예

조선 초기의 통신사로 일본과의 외교에서 수차례 활약한 지금의 외교관이다. 어린 시절 왜구에게 어머니를 잃었으나 그 슬픔을 포용과 선의로 바꾸었다. 오키나와까지 끌려가 노예시장에서 거래되던 조선인 포로들을 구출하고, 한국과 일본의 외교 문제를 적극적으로 해결하며 전설적인 인물로 평가된다. 쓰시마를 격상시켜 왜구를 없애는 실리와 명분을 함께 얻은 그의 절묘한 외교술은 지금의 우리에게 시사하는 바가 크다. 원통사 앞의 이예 공적비는 쓰시마·한국선현현창회에서 2005년 함께 세운 것이다.

Sightseeing ★★☆

미네마치 역사민속자료관 峰町歷史民俗資料館

한반도와 일본 본토를 잇는 쓰시마의 독특한 문화와 역사를 살펴볼 수 있는 박물관이다. 일본의 선사시대인 조몬시대의 유물부터 시대별, 종류별로 관람할 수 있다. 근세로 넘어와 사람들의 생활 모습 및 의식주 변화 등을 확인할 수 있고, 한쪽 벽에 그려진 글래머러스한 해녀 벽화도 인상적이다. 작은 박물관이지만 알차게 구성돼 있다. 아쉽지만 사진촬영 불가.

Address	峰町三根451
Access	이즈하라항에서 차로 1시간 6분. 버스 탑승 시 이즈하라·히타카츠선 미네三根 하차 후 도보 3분
Open	09:00~17:00
Cost	무료
Tel	0920-83-0151
Mapcode	539 158 847

Hot Spring ★★☆

호타루노유 ほたるの湯

현지인이 즐겨 찾는 온천이다. 여행자가 가려면 일부러 찾아가야 하는 위치라 조금 애매하지만, 물이 좋은 곳이라 충분히 가볼 만하다. 여행자에게 인기 있는 가족탕의 경우 사전에 예약해야 하는데, 1시간에 1,200엔+1인당 150엔의 입욕비를 내고 이용할 수 있다. 내부는 쓰시마의 삼나무로 꾸며져 향은 물론 분위기도 좋다. 물은 갈색이며, 온도가 적당해 즐기기에 그만이다. 현지인이 많고 낮에는 할머니, 할아버지가 많이 이용하신다. 일본어를 조금 할 수 있다면 욕탕에서 미네 마을 할머니, 할아버지와 실컷 수다를 떨 수 있을 것.

Address	峰町三根65
Access	이즈하라항에서 차로 1시간 6분. 버스 탑승 시 이즈하라·히타카츠선 미네三根 하차 후 도보 3분
Open	13:00~21:00, 화·금 휴무
Cost	성인 450엔, 타월 100엔, 가족탕 1,200엔+1인당 150엔
Tel	0920-83-0313
Mapcode	539 157 802

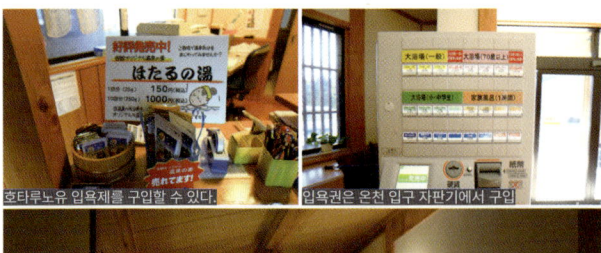

호타루노유 입욕제를 구입할 수 있다. / 입욕권은 온천 입구 자판기에서 구입.

Food
①
나가도메카시텐 永留菓子店

원통사 건너편에는 '규슈·오키나와 길거리 음식 100선'에 선정된 유명 다이야키(たいやき)(도미빵, 우리의 붕어빵)집이 있다. 현지인에게도 인기 있어 손님들이 계속 드나드는 모습이다. 달콤한 앙금이 든 따끈한 붕어빵을 100엔에 먹을 수 있다. 바로 구워 주기 때문에 맛이 없을 수가 없다. 얇은 빵 안에는 앙금이 가득 차 있는데, 검은 앙금과 흰 앙금으로 나뉜다. 둘 다 인기 있다.

Address	峰町佐賀588
Access	이즈하라항에서 차로 1시간. 원통사 맞은편
Open	09:00~17:00, 월·금 휴무
Cost	개당 100엔
Tel	0920-82-0814
Mapcode	**539 134 442**

Shopping

다이렉스 쓰시마점 ダイレックス対馬店

주로 현지인이 이용하는 할인마트. 여행자가 일부러 가기엔 위치가 애매한 편. 하지만 쓰시마의 다른 마트보다 저렴한 물건들이 있어 렌터카 여행자라면 원통사, 나가도메카시텐과 함께 묶어서 가보는 것도 좋다. 마트 추천 아이템은 20p 참고.

Address	峰町佐賀791-1
Access	이즈하라항에서 차로 1시간. 버스 탑승 시 니이·긴선 혹은 미네·시코에선 하트랜드 앞 ハートランド前 하차
Open	09:00~21:00
Tel	0920-82-1500
Mapcode	**539 104 553**

Stay

오하시료칸 大橋旅館

미네의 대표 숙소다. 수용 인원 30명의 시설로 전화로만 예약을 받는다. 한국에서 예약할 경우 여행사를 이용하거나 이즈하라, 히타카츠에 도착해 관광안내소에서 문의해 보자. 호타루노유에서 도보 6분 정도.

Address	峰町三根5-4
Access	이즈하라항에서 차로 1시간 7분. 버스 탑승 시 이즈하라·히타카츠선 미네三根 하차 후 도보 5분
Cost	1박 석·조식 포함 9,800엔~
Tel	0920-83-0010
Mapcode	**539 157 446**

Intro

上県
가미아가타

쓰시마의 북서쪽, 가미아가타는 6개의 마치町 중 인구가 가장 적은 한적한 지역이다. 대신에 멸종 위기의 생물들이 살고 있고, 쓰시마의 청정 자연을 그대로 만끽할 수 있는 곳이기도 하다. 가미아가타의 대표 명소인 쓰시마 야생생물 보호센터는 쓰시마에서만 서식하는 야마네코やまねこ를 비롯해 야생생물을 소개하고 생태와 환경을 설명하는 시설을 갖추고 있다. 관련 자료뿐 아니라 실제로 후쿠마라는 야마네코를 만날 수 있으며, 쓰시마에서 야마네코를 직접 만날 수 있는 유일한 시설이다. 또한 이곳 야생생물 보호센터에서 벗어나 실제 가미아가타 곳곳을 여행하다 보면 자연스럽게 쓰시마 사슴과 쓰시마 담비, 다양한 새들도 만날 수 있다.

하지만 아쉽게도 가미아가타는 대중교통이 가장 불편한 곳이기도 하다. 가미아가타 명소에 접근 가능한 버스 노선이 없고, 콜택시를 이용할 경우 택시비가 꽤 나온다. 예를 들어 앞서 언급한 쓰시마 야생생물 보호센터는 쓰시마의 대표적인 도로 382번을 벗어나 시골길과 좁은 산길을 40분 이상 지나야 닿을 수 있다. 따라서 가미아가타를 충분히 즐기려면 렌터카를 이용하는 것이 좋다. 쓰시마 다른 지역에 비해 오가는 차량이 적어 천천히 그리고 조심조심 운전한다면 큰 문제없이 렌터카로 여행할 수 있다. 꼬불꼬불한 좁은 산길을 지나야 할 때가 많으니 더욱 주의할 것을 권한다.

물론 렌터카를 이용해야 하는 명소를 제외하고 도보 여행자가 들러볼 만한 곳도 있다. 사스나 마을은 가미아가타의 입구 격으로 히타카츠에서 출발하는 버스를 타고 15~20분 정도면 도착한다. 히타카츠국제터미널이나 히타카츠 버스정류장에서 이즈하라 방면 버스를 탑승(이즈하라에서는 히타카츠 방면 버스 이용)하여 사스나 우체국 앞 사스나 정류장에서 하차한다.

사스나에는 료칸과 펜션 등의 숙소가 있는데 바다나 산 등 자연을 즐길 수 있는 위치에 자리한다. 쓰시마 향토요리인 다이슈 소바를 직접 만들어 볼 수 있는 소바도장과 '규슈 맛집 100선'에 소개된 현지인 맛집 기류켄 등도 있다. 더불어 가미아가타는 울창한 숲이 반기는 산책 코스, 사스나 마을을 조망할 수 있는 순례 코스 등을 즐길 수 있어 자연을 벗 삼아 여유로운 시간을 보내기 좋다.

Travel Tip

렌터카 여행자라면 가미아가타의 서쪽에 흩어져 있는 명소들을 추천한다. 조금 서두르면 하루에 주요 명소를 다 둘러볼 수 있다. 도보 여행자는 히타카츠에서 버스를 타고 약 15분 정도면 도착할 수 있는 사스나 마을 산책을 추천한다. 소바도장 아가타노사토에서 쓰시마 메밀로 만든 소바를 먹고 바다와 맞닿은 동네를 산책하고 돌아오는 반나절 코스다.

✓ 도보 여행 코스

사스나 도착
↓ 도보 3분
소바도장 아가타노사토 점심식사 141p
↓ 도보 6분
마을과 바다 주변 산책

✓ 렌터카 여행 코스

사스나의 식당에서 점심
↓ 차로 17분
이국이 보이는 언덕 전망대 139p
↓ 차로 54분
쓰시마 야생생물 보호센터 136p
↓ 도보 10분
사오자키 공원 137p
↓ 차로 1시간
센뵤마키야마 전망대 138p
↓ 차로 24분
버드워칭 공원 140p

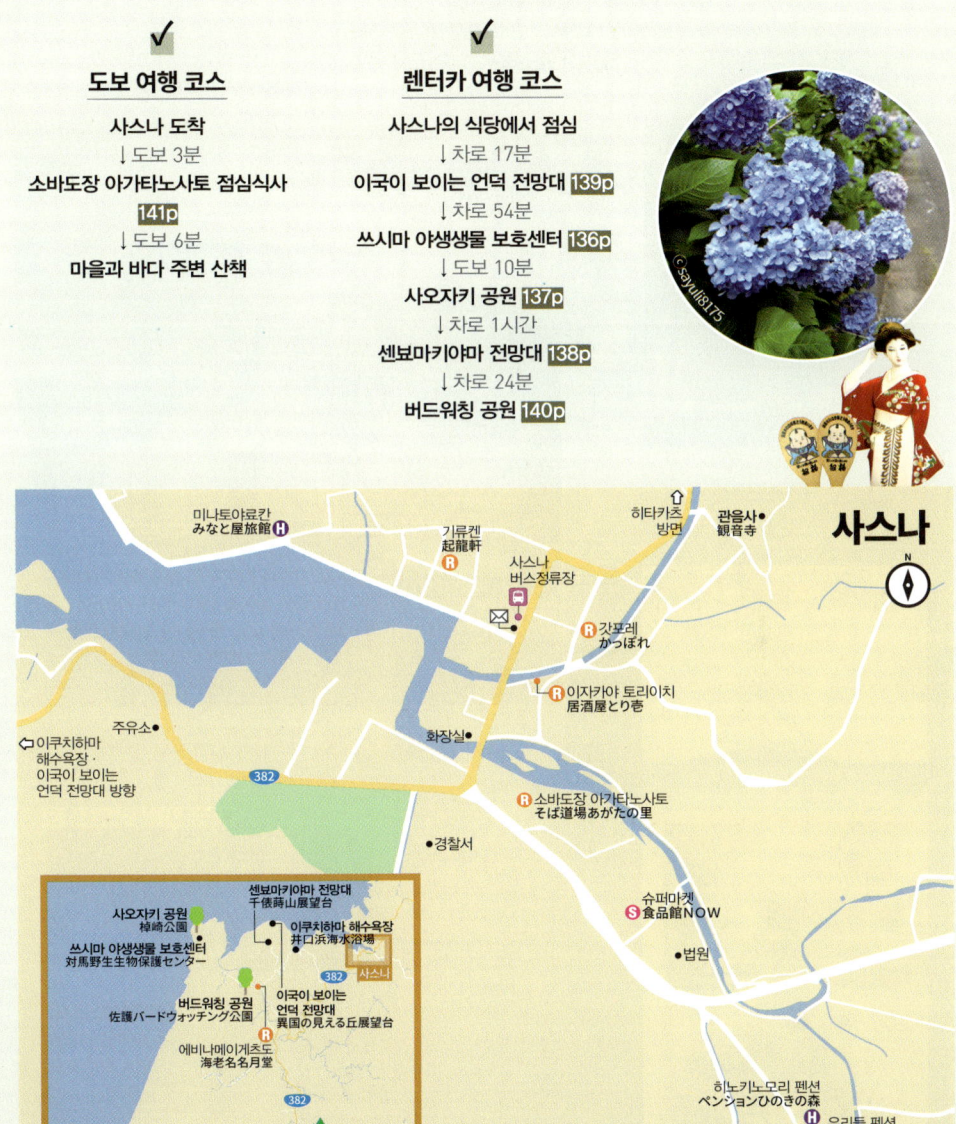

Sightseeing ★★☆

쓰시마 야생생물 보호센터 対馬野生生物保護センター

쓰시마를 여행하면 곳곳에서 야마네코 일러스트와 사진 등을 볼 수 있다. 정말 우연히 야생 야마네코를 보는 일이 간혹 있다고는 하나 여행자에게는 하늘의 별 따기. 현재 쓰시마에서 야마네코를 공개적으로 만날 수 있는 유일한 곳이 바로 쓰시마 야생생물 보호센터다. 후쿠마라는 2004년생 수컷 야마네코를 만날 수 있는데 컨디션에 따라 활동적인 날도 있고 아닌 날도 있다.

1997년 개관한 쓰시마 야생생물 보호센터는 야마네코를 비롯해 멸종 위기에 놓인 야생생물의 생태와 현황을 소개하고 있다. 야생생물의 보호 증식 사업 및 연구 조사를 하는 거점 시설이기도 하다.

Address 上県町佐護2956-5
Access 히타카츠항에서 차로 1시간 15분
Open 10:00~16:30(입장 마감 16:00), 월요일 휴무
Cost 무료
Tel 0920-84-5577
Web kyushu.env.go.jp/twcc
Mapcode 539 789 750

Writer's Pick 야마네코, 집고양이와 뭐가 달라요?

쓰시마에서만 사는 야생 고양이 야마네코는 쓰시마의 상징이다. 1971년 국가 천연기념물로 지정, 1994년 종 보존법에 의거해 일본 희귀종 야생동식물로 분류된 바 있다. 쓰시마에서는 야마네코를 보호하고 알리는 사업을 지속적으로 실시 중이다. 그러나 자연의 개발 등으로 서식지가 줄어들고 있고, 교통사고나 덫, 개에게 물리거나 집고양이로부터 감염되는 등 야마네코의 수도 점점 감소하고 있다. 야생 상태의 야마네코는 약 80~100마리로 추정되는데 쓰시마 남부 지역에는 상당히 적고, 대부분 북부 지역에 서식하고 있는 것으로 추정한다.

쓰시마에 도착하는 순간부터 떠나는 그 순간까지 곳곳에서 야마네코와 관련된 안내문이나 기념품 등을 만나고, 계속해서 야마네코 이야기를 듣게 된다. 그렇다면 야마네코가 일반 고양이와 다른 점은 뭘까?

야마네코는 일반 고양이와 달리 귀가 뾰족하지 않고 둥글면서 귀 뒤에 하얀 반점이 있다. 이마에는 세로 줄무늬가 선명하며 몸통이 길고 다리가 짧다. 길고 두꺼운 꼬리도 야마네코의 특징이다!

Sightseeing ★★☆

사오자키 공원 棹崎公園

72ha가 넘는 크기의 공원으로 쓰시마 야생생물 보호센터를 비롯해 광장과 전망대 등이 자리한다. 전망대에서는 부산이 보이기도 해 부산의 야경을 역으로 즐기는 경우도 있다. 일본 최서단 비석과 평화의 광장이 있어 쉼터로 손색 없지만, 일반 공원과 달리 산 중턱에 위치한 곳이라 계단을 오르내려야 하니 참고하자. 대신 경치가 좋다. 역사적으로는 러일전쟁 중 만들어진 대포, 군 시설 등이 남아 있어 오후 늦게 혼자 가면 조금 무서울 수도 있다. 동백나무가 많아 겨울과 봄 사이 탐스러운 동백꽃을 실컷 구경할 수 있는 것도 즐거움이다. 사오자키 공원 주차장에 주차한 뒤 공원 산책로를 따라 올라가면 전망대에 닿을 수 있다.

Address 上県町佐護西里
Access 히타카츠항에서 차로 1시간 16분
Tel 0920-84-2311
Mapcode 539 819 093

공원 전망대 주변이 동백나무 군락이다.

Sightseeing ★★☆

③ 센뵤마키야마 전망대 千俵蒔山展望台

울창한 산림이 가득한 쓰시마에 풀로 뒤덮인 독특한 산이 있다. 센뵤마키야마는 보리와 메밀의 씨를 천 섬(千俵 | 센뵤) 정도 뿌릴 수 있는 웅장한 산이라는 의미로 이름 지어졌다. 풍력발전을 위한 프로펠러가 서 있는 정상까지 꼬불꼬불한 길을 따라 올라가는데 가는 길은 조금 험난하지만 정상에 올라서면 시원한 풍경을 만난다. 정상에서는 강한 바람이 불 때가 많으니 주의하자. 올라가는 길은 차가 한 대 정도만 지나갈 수 있는 좁은 길이므로 운전에 특히 주의해야 한다.

역사적으로는 옛 일본의 수군이 백제의 구원 요청으로 중국 당나라와 싸워 패한 후 적의 침입에 대비해 봉화대를 설치한 시작점이기도 하다.

Address 上県町佐護
Access 히타카츠항에서 차로 48분
Mapcode 539 792 589

해가 지는 시간에 역광이 된다.

Writer's Pick 쓰시마 꿀은 특별하다?!

일본에서도 귀하다는 토종 천연벌꿀을 만날 수 있는 쓰시마. 이곳에 자생하는 토종 꿀벌은 하나의 꽃에서 꿀을 채취하는 다른 꿀벌과는 다르게 사계절 다양한 꽃에서 꿀과 꽃가루를 채취한다. 하치도(蜂洞)라는 독특한 벌통으로 양봉을 하는데 지금도 쓰시마 곳곳에서 이 하치도를 발견할 수 있다. 가미아가타 센뵤마키야마 전망대에 오르는 길에도 하치도가 보인다.

쓰시마 꿀은 진하고 향기가 좋은 고급 꿀로, 가격대가 높지만 인기가 많다. 그런데 2012년쯤 쓰시마에 말벌 종류가 침입해 토종 꿀벌의 꿀 채취량이 감소하고 있다는 안타까운 소식이 있다. 쓰시마에서는 섬의 생태계를 지키기 위해 고민하고 있다고.

Sightseeing ★☆☆
④
이쿠치하마 해수욕장 井口浜海水浴場

사오자키 공원, 센뵤마키야마와 가까운 거리에 있는 모래 해수욕장이다. 수심이 깊지 않아 아이들이 물놀이하기 좋고, 가족 나들이 장소로도 사랑받는 곳이다. 해수욕장은 여름에 이용이 가능하고, 텐트를 설치할 수 있는 공간과 간단한 시설을 갖춘 캠핑장이 있다. 겨울에는 좀 쓸쓸한 느낌이고, 한국에서 떠내려온 쓰레기가 많이 모이는 곳이라서 아쉽다.

Address 上県町佐護字大石が浜
Access 히타카츠항에서 차로 32분
Tel 0920-84-2311
Mapcode 539 793 268

Sightseeing ★☆☆
⑤
이국이 보이는 언덕 전망대 異国の見える丘展望台

맑고 청명한 날이면 쓰시마의 이국인 한국의 부산이 보이는 전망대. 산이 많고, 해안도로가 거의 없는 쓰시마에서 해안선을 따라 잠깐 동안 드라이브를 즐길 수 있다. 센뵤마키야마 근처에 있어 함께 묶어 여행하기 좋다. 6월이면 전망대 주변의 도로변에 탐스럽게 수국이 피어나 로맨틱한 도로로 변신한다. 넓게 펼쳐진 바다를 기분 좋게 볼 수 있다.

Address 上県町佐護
Access 히타카츠항에서 차로 50분
Mapcode 539 822 443

Sightseeing ★☆☆
⑥

버드워칭 공원 佐護バードウォッチング公園

쓰시마는 철새가 지나가는 곳으로 대륙에서 한반도를 지나 일본으로 넘어가는 다양한 철새들의 휴식지다. 버드워칭 공원은 세계적으로도 유명한 철새 관찰지로, 일본으로 떠나는 철새 544종 중 무려 355종을 이 일대에서 관찰할 수 있다. 재두루미, 흑두루미 등의 야생조류를 관찰할 수 있어 조류 연구가뿐 아니라 사진작가 등 다양한 사람들이 새 관찰을 위해 모인다.

Address 上県町佐護西里1390
Access 히타카츠 항에서 차로 44분
Tel 0920-84-2311
Mapcode 539 731 373

Sightseeing ★☆☆
⑦

미타케 산 御岳

아리아케, 시라타케와 함께 등산가들에게 사랑받고 있는 산이다. 국가 지정 공원이자 사적명승 천연기념물, 조수 보호구역 등으로 관리되고 있으며, 울창한 나무들과 맑은 물, 청량한 공기를 즐길 수 있다. 또한 쓰시마 야마네코 서식지로도 알려져 있다.

등산 시에는 반드시 등산화를 착용하고 시간을 넉넉하게 계산하자. 미타케는 해발 479m로 왕복 3시간 정도 걸린다. 렌터카를 이용한다면 미타케 공원 입구 주차장에 차를 세운 뒤 출발하자. 등산하다 보면 한국 통신사가 잡혀 외교부 해외여행 안전 관련, 통신사 로밍 안내 문자가 쏟아지기도 한다.

Address 上県町瀬田
Access 히타카츠항에서 차로 30분, 미타케 공원 입구에 주차
Mapcode 539 583 597

Tip 우리와 다른 화장실 사용법

시골 느낌 충만하고 한적한 쓰시마. 하지만 어딜 가도 화장실이 잘 갖추어져 있고 깔끔하게 관리되는 편이다. 대부분의 화장실에는 휴지가 비치되어 있는데 쓰시마의 많은 화장실에서 한국어로 된 안내문을 볼 수 있다. 한국의 공중화장실과는 다르게 사용한 휴지는 변기에 버리고, 비치된 휴지를 가져가지 말라는 요청이다. 보이지 않는 곳에서도 여행자의 매너를 지키도록 하자.

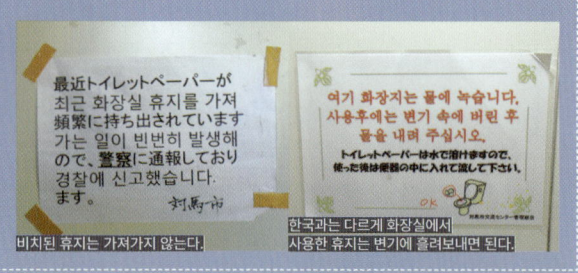

Food : 추천
①
소바도장 아가타노사토 そば道場あがたの里

사스나 마을에 자리 잡은 이곳은 소바 만들기 체험을 비롯해 쓰시마 특산품을 살펴볼 수 있는 기념품 상점까지 있어 가볼 만하다. 쓰시마에서 자란 메밀로 만든 소바는 향이 좋고 소화가 잘되는 건강한 음식이다. 소바 만들기 체험은 미리 예약해야 하는데 숙박이나 배편을 예약한 여행사나 쓰시마 관광안내소에서 도움을 받을 수 있다. 히타카츠에서 이즈하라로 가는 382번 도로를 이용하면 지나게 되는 곳으로 찾기 쉽다.

Address 上県町佐須奈甲565-2
Access 히타카츠항에서 차로 18분.
버스 탑승 시 이즈하라·히타카츠선
사스나佐須奈 하차 후 도보 3분
Open 식사 11:00~14:00,
기념품 상점 09:00~16:00
Cost 이리야키 소바 648엔
Tel 0920-84-2340
Web sakusyoku.com/agata

Mapcode 539 797 179

이리야키 소바

Food
②
에비나메이게츠도 海老名名月堂

쓰시마 명물 가스마키와 야마네코 모나카를 맛볼 수 있는 과자점이다. 가스마키는 흰 앙금과 검은 앙금이 있다. 여러 과자점의 가스마키를 골고루 맛보는 것도 쓰시마 여행의 재미다. 야마네코 모양이 찍힌 야마네코 모나카 역시 인기. 센뵤마키야마와 버드워칭 공원 사이에 있어 함께 묶어 다녀오면 좋다. 과자는 모두 손수 만든 건데, 가끔 아무것도 없을 때가 있다.

Address 上県町佐護北里773
Access 히타카츠 항에서 차로 18분.
버스 탑승 시 이즈하라·히타카츠선
사스나佐須奈 하차 후 도보 3분
Open 06:00~19:30, 부정기 휴일
Tel 0920-84-5171

Mapcode 539 732 692

야마네코 모나카

Food 3

기류켄 起龍軒

'규슈 맛집 100선'에 포함된 식당으로 현지인이 찾는 중화요리 전문점이다. 현지인 맛집으로 추천을 받아 간 한국인 여행자들 사이에서 약간의 호불호가 있으나 전체적으로 만족도가 높은 편. 비교적 담백한 돈코츠 라멘과 한입 크기의 교자는 인기 메뉴. 볶음밥을 비롯해 각종 중화요리 메뉴들도 인기. 점심에는 식사, 저녁에는 술 한잔하기 좋은데 공간이 작고 좌석이 몇 개 없는 게 흠. 사스나 우체국 뒤쪽에 위치하며 렌터카 여행자는 근처 주차장을 이용할 수 있다.

Address	上県町佐須奈乙1838
Access	히타카츠항에서 차로 18분. 버스 탑승 시 이즈하라·히타카츠선 사스나佐須奈 하차 후 도보 2분
Open	12:00~14:00, 17:30~22:00 ※ 일요일은 디너만 가능
Tel	0920-84-2873

Mapcode 539 797 388

비교적 담백한 돈코츠 라멘
술안주로 좋은 팔보채

Food 4

갓포레 かっぽれ

일본 역사소설가 시바 료타로가 방문했던 가게로 그의 여행에세이 『가도를 간다』 쓰시마 편에 나오기도 했다. 특히 짬뽕과 돈가스가 인기 메뉴.

Address	上県町佐須奈乙919
Access	히타카츠항에서 차로 18분. 버스 탑승 시 이즈하라·히타카츠선 사스나佐須奈 하차 후 도보 2분
Open	10:00~20:00, 일요일 휴무
Tel	0920-84-2055

Mapcode 539 798 332

Food 5

이자카야 토리이치 居酒屋とり壱

사스나의 인기 선술집이다. 닭고기 등의 꼬치구이와 술 한잔하기 좋은 야키도리 전문점인데 생선회도 평이 좋다.

Address	上県町佐須奈乙270
Access	히타카츠항에서 차로 18분. 버스 탑승 시 이즈하라·히타카츠선 사스나佐須奈 하차 후 도보 2분
Open	17:30~23:00, 일요일 휴무
Tel	0920-84-2908

Mapcode 539 798 270

Stay
❶
우리들 펜션 ウリドゥルペンション

부산에서 20년 넘게 신문사 생활을 하신 한국분이 운영하는 펜션이다. 블로그를 통해 쓰시마 소식과 여행 정보 등을 전하고 있으니 여행 전 참고하기도 좋다. 히타카츠항에서 가까운 사스나 마을에 위치하며 펜션 주변으로 키가 큰 나무들이 가득해 공기가 맑다. 전화나 카톡(ID : zontag)을 이용해 예약할 수 있고, 한국어로 대화할 수 있으니 정보나 궁금한 것을 물어볼 수 있는 것도 큰 장점이다. 단, 화장실과 욕실은 공용이다.

Address 上県町佐須奈甲1268-2
Access 히타카츠항에서 차로 21분. 버스 탑승 시 이즈하라·히타카츠선 사스나佐須奈 하차 후 도보 10분
Cost 2인실 기준 1인 4,000엔
Tel 080-8579-6567
Web blog.naver.com/zontag
Mapcode 539 768 614

펜션 주변의 산책길

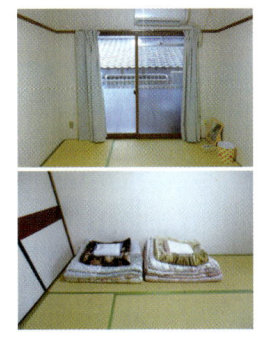

Stay
❷
미나토야료칸 みなと屋旅館

배들이 늘어선 작은 포구와 바다 마을 특유의 정취를 충분히 느낄 수 있는 사스나 마을의 숙소다. 현지인이 운영하여 한국어 사용이 불가능하지만 친절하고 상냥하다.

Address 上県町佐須奈乙1080
Access 히타카츠항에서 차로 19분. 버스 탑승 시 이즈하라·히타카츠선 사스나佐須奈 하차 후 도보 3분
Cost 1인 조식 포함 5,500엔, 숙박만 5,000엔
Tel 0920-84-2023
Mapcode 539 797 440

Stay
❸
펜션 히노키노모리 ペンションひのきの森

나무 목재를 사용해 펜션 주인이 직접 만든 숙소다. 바로 옆 공방에서 목재를 다루는 모습도 볼 수 있다. 객실에 나무 향이 배어나 독특한 분위기다. 난방 기구가 있긴 하나 객실이 별채로 지어져 있어 겨울에 이용하게 된다면 추위에 대비할 것.

Address 上県町佐須奈甲1075-2
Access 히타카츠항에서 차로 20분. 버스 탑승 시 이즈하라·히타카츠선 사스나佐須奈 하차 후 도보 9분
Cost 1인 조식 포함 4,500엔, 숙박만 4,000엔
Tel 090-4585-8615
Mapcode 539 768 761

Try Tsushima 1
Bus Tour 버스 타고 작은 마을 여행

쓰시마의 버스 배차 간격은 주민 생활과 학생들의 등하교 시간 중심으로 되어 있다. 따라서 관광하기에는 불편한 부분도 많다. 하지만 쓰시마 전체 인구가 3만 명 정도고, 각 동네 주민들도 적어 버스가 없어지지 않고 운행되는 것 자체가 감사한 일. 거기에 한국인 관광객이 늘면서 이즈하라-히타카츠 노선의 배차를 추가하는 등 고민의 흔적도 엿보인다.

쓰시마 버스정류장 살펴보기

쓰시마 시내에는 버스정류장임을 알리는 사인이 있다. 이 사인 아래 버스 시간표가 있어 행선지별 버스 시간을 확인할 수 있다. 시간표보다 빨리 오는 경우는 거의 없고 늦어도 5~10분 이내에는 도착하니 시간표에 나와 있다면 걱정 말고 기다리자. 다만 평일과 주말의 버스 시간이 다를 때가 있으니 주의해서 보자.
주민이 많이 이용하는 정류장에는 크고 작은 대합실이 있기도 하다. 특히 겨울에는 섬 바람을 피하기 좋은데, 쌩쌩 바람이 불 때면 작고 허름한 이 대합실의 소중함은 커진다. 히타카츠, 이즈하라, 니이 버스정류장에는 난로가 있고, 의자와 화장실이 있는 대합실도 있다.

쓰시마 교통의 중심 이즈하라, 히타카츠, 도요타마 니이

쓰시마 시에서 중심이 되는 버스정류장은 이즈하라, 히타카츠 그리고 중간 위치의 니이다. 이즈하라와 히타카츠를 잇는 대표 노선과 이즈하라에서 이즈하라 남부로 향하는 버스들, 히타카츠 순환선, 그리고 중부를 잇는 작은 버스들이 있다. 이즈하라-히타카츠 노선의 대형버스를 제외하면 작은 마을을 도는 버스들은 우리의 마을버스보다도 작고 낡은 편이다. 하지만 쓰시마 야마네코 공항을 중심으로 운행하는 버스는 대체적으로 신형인 데다가 깔끔하다.

이즈하라-히타카츠 노선을 제외하면 대부분 작은 크기의 버스다.

버스 타는 법

앞문과 뒷문이 있는 버스는 뒤로 타서 앞으로 내린다. 문이 하나인 작은 버스는 그냥 타면 되는데 작은 버스일 경우 **기사님께 행선지를 말해두면, 행선지와 가장 가까운 곳에 내려 준다.** 작은 마을버스를 타고 여행하는 여행자가 많지 않아 버스를 타면 주민들의 주목을 받을 수 있으니 참고할 것. 할머니, 할아버지들이 내릴 곳을 알려 주시기도 한다.

버스 요금, 1일 프리패스권, 1개월권

한 정거장 등의 짧은 거리는 편도 요금을 낸다. 버스를 탑승하면 문 옆에 배치된 '정리권 발급기'에서 정리권을 뽑는다. 버스 앞쪽의 전광판에서 정리권에 적힌 숫자를 확인하면 그 아래 숫자가 버스 요금이다. 버스에 따라서는 정리권 발급기가 없거나 미처 뽑지 못했을 경우에는 버스 기사님에게 요금을 물어보자. 버스를 탑승한 곳의 이름을 말하면 요금을 알려 준다.

두 정거장 이상 왕복으로 움직일 때는 1일 프리패스권 이용을 추천한다(성인 1,000엔, 어린이 500엔). 특히 이즈하라-히타카츠 노선은 이즈하라에서 히타카츠 편도가 3,000엔이 넘는데 프리패스권 이용 시 1,000엔으로 하루 종일 사용 가능하다. 5일 이상 대중교통을 이용해 쓰시마를 여행한다면 1개월권을 추천한다. 5,000엔으로 한 달 동안 사용할 수 있다.

공항과 이즈하라를 오가는 야마네코 버스

1일 프리패스 견본

쓰시마 교통 버스 시간표

한국어 버스 시간표

쓰시마 교통에서는 4월 초와 10월 초에 새로운 버스 시간표를 업데이트한다. 버스 시간표는 현지인의 생활에 맞춰 만들어지는 것이 대부분이라 아주 큰 변화는 없는 편이다. 이즈하라 티아라 몰에 위치한 쓰시마 교통사무소, 히타카츠 버스 정류장, 도요타마 니이 버스정류장과 버스 안에서 시간표를 얻을 수 있다. 더불어 **쓰시마 교통 홈페이지에는 한국인 여행자를 위해 한국어 버스 시간표도 제공하고 있다.** 버스 여행을 계획하고 있다면 쓰시마 교통 홈페이지에서 한국어 버스 시간표를 다운받아 보도록 하자.

Web 쓰시마 교통 버스 시간표(한국어)
tsushima-traffic.com/korean_traveler

쓰시마 버스 노선도

아래 버스 노선도는 **관광지를 중심으로 편집한 버전**으로 전체 버스 노선도는 쓰시마 교통 홈페이지를 통해 확인할 수 있다.

Web 쓰시마 교통 tsushima-traffic.com

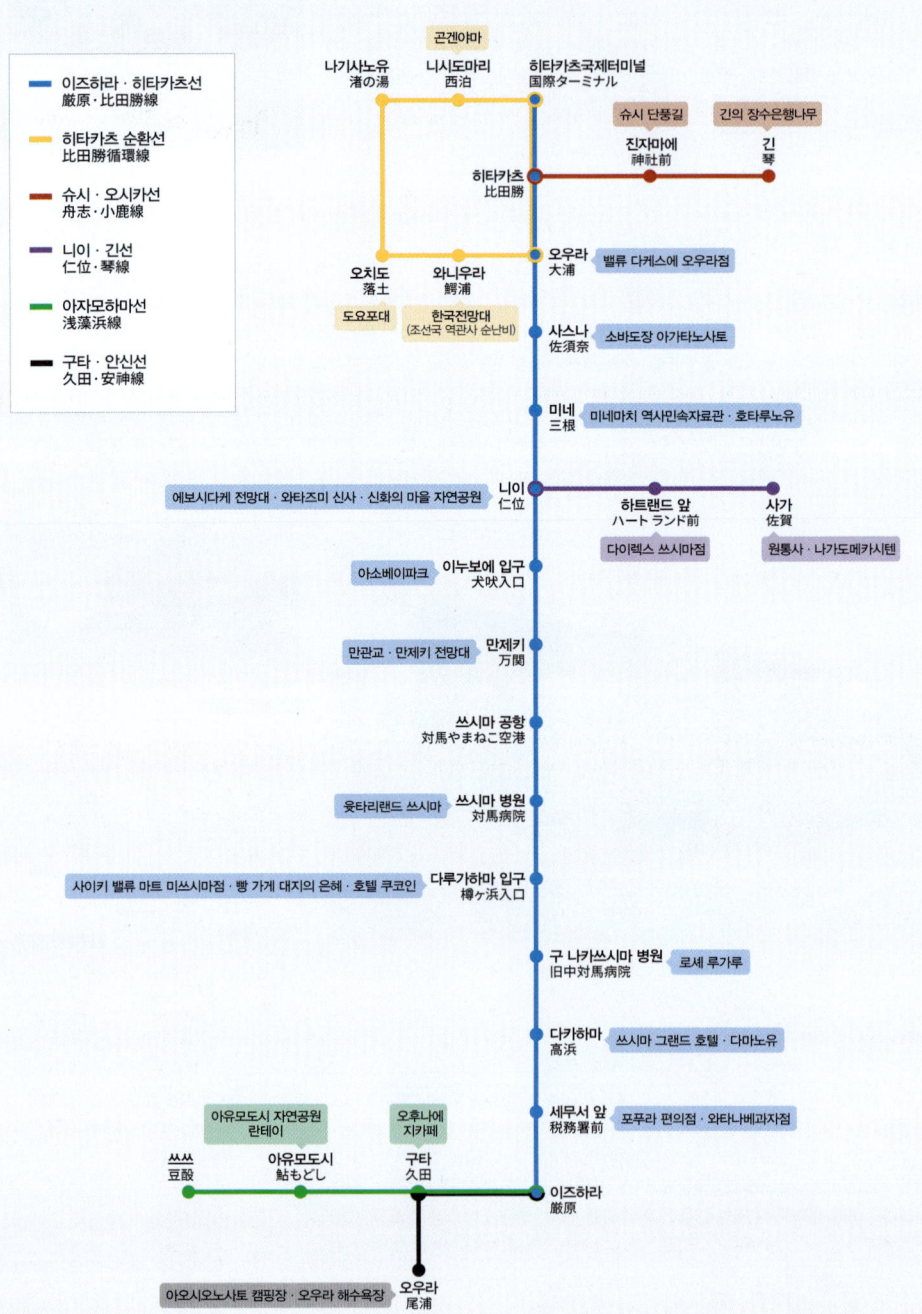

버스 스케줄

아래 시간표는 버스 여행 코스를 위한 참고자료로, **주요 관광지가 포함된 정류장만 표기한 버전**이다. 전체 시간표는 쓰시마 교통 홈페이지를 참고할 것. 토·일요일과 공휴일에는 일부 버스 시간표가 변경되거나 없을 수 있으므로 주의!

❶ 이즈하라·히타카츠선 厳原·比田勝線

쓰시마의 대표 도로인 382번 도로를 따라 이즈하라와 히타카츠를 오간다. 한국인 여행자가 가장 많이 이용하는 노선이라 때때로 여행자가 몰려 버스를 타지 못하는 경우도 발생한다. 특히 이즈하라에서 출발하는 10:58 버스, 히타카츠에서 출발하는 16:36 버스는 이용객이 급증하니 되도록 이 시간은 피하자.

이즈하라 厳原	다카하마 高浜	구 나카쓰시마 병원 旧中対馬病院	다루가하마 입구 橘ヶ浜入口	쓰시마 병원 対馬病院	쓰시마 공항 対馬やまねこ空港
07:05	07:20	07:21	07:23	07:26	07:31
10:20	10:35	10:36	10:38	10:41	10:46
10:58	11:15	11:16	11:18	11:21	11:26
13:28	13:45	13:46	13:48	13:51	13:56
14:58	15:15	15:16	15:18	15:21	15:26
18:28	18:45	18:46	18:48	18:51	18:56

만제키 万関	이누보에 입구 犬吠入口	니이 仁位	미네 三根	사스나 佐須奈	오우라 大浦	히타카츠국제터미널 国際ターミナル
07:43	07:45	08:13	08:28	09:14	09:23	09:32
-	-	-	-	-	-	-
11:41	11:43	12:08	12:26	13:12	13:21	13:30
14:11	14:13	14:38	14:56	15:42	15:51	16:00
15:41	15:43	16:08	16:26	17:12	17:21	17:30
19:12	19:14	19:39	19:57	20:43	20:52	21:01

히타카츠국제터미널 国際ターミナル	오우라 大浦	사스나 佐須奈	미네 三根	니이 仁位	이누보에 입구 犬吠入口
06:26	06:41	06:49	07:35	07:53	08:18
08:31	08:46	08:54	09:40	09:58	10:23
11:21	11:36	11:44	12:30	12:48	13:13
12:51	13:06	13:14	14:00	14:20	14:45
-	-	-	-	-	-
-	-	-	-	-	-
16:36	16:51	16:59	17:45	18:05	18:30

만제키 万関	쓰시마 공항 対馬やまねこ空港	쓰시마 병원 対馬病院	다루가하마 입구 橘ヶ浜入口	구 나카쓰시마 병원 旧中対馬病院	다카하마 高浜	이즈하라 厳原
08:20	08:35	08:40	08:43	08:45	08:46	09:01
10:25	10:40	10:45	10:48	10:50	10:51	11:06
13:15	13:30	13:35	13:38	13:40	13:41	13:56
14:47	15:05	15:10	15:13	15:15	15:16	15:31
-	16:35	16:40	16:43	16:45	16:46	17:06
-	18:25	18:30	18:33	18:35	18:36	18:51
18:32	18:49	18:54	18:57	18:59	19:00	19:15

※ 히타카츠와 히타카츠국제터미널은 다른 정류장이다.
※ 이즈하라에서 쓰시마 공항까지만 운행하는 버스 노선이 있다.

❷ 이즈하라 ↔ 아유모도시

이즈하라에서 구타를 지나 아유모도시 자연공원으로 가는 버스는 두 종류, 우치야마ㆍ구네하마ㆍ고쓰기선과 아자모하마선이다. 두 노선 중 맞는 시간을 선택해 다녀올 수 있다.

우치야마ㆍ구네하마ㆍ고쓰기선 内山ㆍ久根浜ㆍ上槻線

이즈하라 厳原	구타 久田	아유모도시 鮎もどし
14:35	14:40	14:56
17:15	17:20	17:36

아유모도시 鮎もどし	구타 久田	이즈하라 厳原
08:31	08:29	08:34
16:55	17:11	17:16

아자모하마선 浅藻浜線

이즈하라 厳原	구타 久田	아유모도시 鮎もどし	쓰쓰 豆酘
14:35	14:40	14:56	15:12
17:15	17:20	17:36	17:52

쓰쓰 豆酘	아유모도시 鮎もどし	구타 久田	이즈하라 厳原
07:57	08:13	08:29	08:34
16:39	16:55	17:11	17:16

❸ 이즈하라 ↔ 오우라

구타를 지나 오우라 해수욕장과 아오시오노사토 캠핑장을 가는 버스 노선이다. 오우라 입구와 오우라 정류장은 서로 다르며, 오우라 해수욕장은 오우라 정류장에서 하차해야 한다. *7월 21일~8월 31일만 운행

구타ㆍ안신선 久田ㆍ安神線

이즈하라 厳原	구타 久田	오우라 입구 尾浦入口	오우라 尾浦
10:10*	10:15*	10:19*	10:23*
13:20	13:25	13:29	13:33
15:20	15:25	15:29	15:33

오우라 尾浦	오우라 입구 尾浦入口	구타 久田	이즈하라 厳原
07:41	07:45	07:49	07:54
10:54*	10:58*	11:02*	11:07*
14:04	14:08	14:12	14:17
16:04	16:08	16:12	16:17

❹ 히타카츠 순환선 比田勝循環線

히타카츠를 포함한 가미쓰시마 지역을 순환하는 버스다. 오우라 밸류 마트, 한국전망대, 도요포대, 나기사노유, 미우다 해수욕장, 니시도마리를 순환하는 버스로 좌측 순환과 우측 순환이 있다. 순환 방향에 따라 정류장이 다른 경우가 있다. 타고 내릴 때 버스정류장에 붙어 있는 시간표를 반드시 확인하자.

히타카츠국제터미널 国際ターミナル	니시도마리 西泊	나기사노유 渚の湯	오치도 落土	와니우라 鰐浦	오우라 大浦	히타카츠 比田勝
12:34	12:37	12:42	12:56	12:57	13:02	13:08
17:44	17:47	17:52	18:06	18:07	18:12	18:18

오우라 大浦	와니우라 鰐浦	오치도 落土	나기사노유 渚の湯	니시도마리 西泊	히타카츠국제터미널 国際ターミナル	히타카츠 比田勝
08:06	08:11	08:12	08:26	08:31	08:34	08:37
14:07	14:12	14:13	14:27	14:32	14:35	14:42

※ 히타카츠와 히타카츠국제터미널은 다른 정류장이다.

❺ 슈시 · 오시카선 舟志 · 小鹿線

히타카츠 버스정류장에서 출발해 39번 도로를 이용, 슈시 단풍길과 긴의 장수은행나무를 거쳐 오시카 마을까지 간다. 버스로는 슈시 단풍길과 긴의 장수은행나무까지 몇 분 차이 안 나지만, 걸어서는 1시간이 넘는 길이다. 두 곳을 모두 들르기는 쉽지 않은데, 한 곳만 가야 한다면 슈시 단풍길을 추천한다. *일요일과 공휴일에는 표시된 시간만 운행

히타카츠 比田勝	진자마에 神社前	긴 琴
11:00	11:19	11:35
13:10*	13:29*	13:45*
16:35*	16:54*	17:10*
18:02	18:21	18:37

긴 琴	진자마에 神社前	히타카츠 比田勝
07:20*	07:36*	07:55*
08:43	08:59	09:18
12:06	12:22	12:41
14:16*	14:32*	14:51*

※ 위의 버스 시간표는 2018년 8월 기준, 관광지를 중심으로 편집한 버전이다.
※ 토·일요일과 공휴일에는 버스 시간이 변경되기도 한다.
※ 현지 상황에 따라 버스 시간은 달라질 수 있다.
※ 자세한 버스 시간표는 쓰시마 교통(166p) 혹은 쓰시마 부산사무소(160p) 홈페이지에서 직접 다운받을 수 있다.

Course

버스 여행 코스는 직접 다녀본 예시로, 버스 시간이 변경될 수 있으니 반드시 시간표를 재확인하고 준비할 것을 추천한다.

❶ 이즈하라 ↔ 게치 | 빵집 투어 반나절 코스

13:28 이즈하라 버스정류장 출발
↓ 쓰시마 병원 방면 이용
13:48 다루가하마 입구 버스정류장 도착
↓ 도보 5분(350m)
14:00 이름 그대로 풍성한 '빵 가게 대지의 은혜' 110p
↓ 도보 10분(750m)
14:30 정이 넘치는 작은 빵집 '피터팡' 109p
↓ 도보 3분(210m)
15:00 365일 무휴 전통과자점 '야마다쇼게츠도' 109p
↓ 도보 8분(650m)
15:30 케이크 전문점 '로셰 루가루' 110p
↓ 도보 13분(1km)
16:00 쓰시마 그랜드 호텔 베이커리 '빵 공장 플라쥬' 111p
↓ 도보 15분(1.2km)
16:46 다카하마 버스정류장 출발
↓ 이즈하라 방면 이용
17:06 이즈하라 버스정류장 도착

❷ 이즈하라 ↔ 아유모도시 · 구타 | 자연 · 미식 반나절 코스

14:35 이즈하라 버스정류장 출발
↓ 우치야마 · 구네하마 · 고쓰기선 이용
14:56 아유모도시 버스정류장 도착
↓ 도보 10분(750m)
15:00 로쿠베 전문점 란테이 로쿠베 맛보기 67p
↓ 도보 10분(750m)
16:00 아유모도시 자연공원 154p
16:55 아유모도시 버스정류장 출발
↓ 아자모하마선 이용
17:11 구타 버스정류장 도착
↓ 도보 3분(200m)
17:15 오후나에 63p
↓ 도보 3분(200m)
17:55 구타 버스정류장 출발
↓ 구타 · 안신선 이용
18:00 이즈하라 버스정류장 도착

❸ 이즈하라 ↔ 오우라 | 작은 해변 반나절 코스

        티아라 몰 레드캐비지에서 도시락 구입
10:10 이즈하라 버스정류장 출발
  ↓   구타 · 안신선 이용
10:23 오우라 버스정류장 도착
11:00 오우라 해수욕장 `48p` 도시락 점심식사
        아오시오노사토 캠핑장 주변 산책 `154p`
14:04 오우라 버스정류장 출발
  ↓   구타 · 안신선 이용
14:17 이즈하라 버스정류장 도착

❹ 이즈하라 ↔ 게치 | 공항 · 공원 · 온천 코스

10:20 이즈하라 버스정류장 출발
  ↓   쓰시마 공항 방면 이용
10:46 쓰시마 공항 버스정류장 도착
10:50 쓰시마 야마네코 공항 `102p`
  ↓   도보 17분(1.2km)
12:00 사카나야 엔 점심식사 `108p`
  ↓   도보 3분(260m)
13:30 쓰시마 그린파크 `98p`
  ↓   도보 5분(300m)
14:30 미쓰시마마치 해수욕장 `99p`
  ↓   도보 18분(1.3km)
16:00 윳타리랜드 쓰시마 `105p`
17:30 온천 내 식당에서 저녁식사
  ↓   도보 2분(170m)
18:30 쓰시마 병원 버스정류장 출발
  ↓   이즈하라 방면 이용
18:51 이즈하라 버스정류장 도착

❺ 이즈하라 ↔ 만관교 | 아소만 전망대 코스

10:58 이즈하라 버스정류장 출발
  ↓   히타카츠 방면 이용
11:41 만제키 버스정류장 도착
  ↓   오르막길 도보 10분(450m)
12:00 만제키 전망대 `101p`
  ↓   내리막길 도보 10분(450m)
13:00 쓰시마테이 사토 점심식사 `107p`
  ↓   도보 3분(230m)
14:30 만관교 `100p`
  ↓   도보 1분(100m)
14:40 만관교 광장 이시야네 돌지붕 `100p`
  ↓   도보 3분(230m)
14:47 만제키 버스정류장 출발
  ↓   이즈하라 방면 이용
15:31 이즈하라 버스정류장 도착

❻ 히타카츠 ↔ 미네 | 박물관 · 온천 반나절 코스

12:51 히타카츠 버스정류장 출발
  ↓   이즈하라 · 히타카츠선 이용
14:00 미네 버스정류장 도착
        정류장 건너편
14:10 미네마치 역사민속자료관 `130p`
  ↓   도보 6분(500m)
15:00 호타루노유 `130p`
  ↓   도보 3분(200m)
16:26 미네 버스정류장 출발
  ↓   이즈하라 · 히타카츠선 이용
17:30 히타카츠 버스정류장 도착

❼ 히타카츠 ↔ 사스나·오우라 | 소바·쇼핑 코스

11:21 히타카츠 버스정류장 출발
↓ 이즈하라·히타카츠선 이용
11:44 사스나 버스정류장 도착
↓ 도보 3분(230m)
12:00 소바도장 아가타노사토 점심식사 141p
13:00 사스나 마을 탐방
15:42 사스나 버스정류장 출발
↓ 이즈하라·히타카츠선 이용
15:51 오우라 버스정류장 도착
밸류 다케스에 오우라점 90p
18:12 오우라 버스정류장 출발
↓ 히타카츠 순환선 이용
18:18 히타카츠 버스정류장 도착

❽ 히타카츠 ↔ 니이·사가 | 자연·역사 종일 코스

11:21 히타카츠 버스정류장 출발
↓ 이즈하라·히타카츠선 이용
12:30 니이 버스정류장 도착, 혼케 가마도야 도시락 구입
↓ 콜택시 10분(약 1,330엔)
13:05 에보시다케 전망대 118p
↓ 도보 30분(1.6km)
13:40 신화의 마을 자연공원 118p
↓ 도보 5분(290m)
13:50 와타즈미 신사 119p 푸드트럭 후지야에서 간식 120p
↓ 도보 40분(3.0km) 혹은 콜택시 10분(약 1,330엔)
15:19 니이 버스정류장 출발
↓ 니이·긴선 이용
15:41 사가 버스정류장 도착
15:43 이예 공적비가 있는 원통사 129p 나가도메카시텐의 다이야키 131p
↓ 도보 21분(1.5km)
16:05 다이렉스 쓰시마점 131p
↓ 건너편
16:35 하트랜드 앞 버스정류장 출발
↓ 니이·긴선 이용
17:00 니이 버스정류장 도착
↓ 건너편
17:10 네즈카시호의 가스마키 122p
18:00 니이 마을 산책
19:00 도요타마 반점에서 저녁식사 121p
19:39 니이 버스정류장 출발
↓ 이즈하라·히타카츠선 이용
21:01 히타카츠 버스정류장 도착

Try Tsushima 2
Stay 현지인 집에서 특별한 하룻밤

여관이나 호텔이 아닌 쓰시마 현지인의 집에서 묵는 민박과 체험이다. 하룻밤 가족의 일원이 되어 함께 식사하고, 잠을 자고, 가정생활 자체를 체험할 수 있다. 석식과 조식은 신선한 해산물과 제철 채소를 이용해 만든 그야말로 가정식. 농업과 어업으로 살아가는 쓰시마의 일상 분위기를 느낄 수 있어 만족도가 높다.

현지인의 집에서 머무는 민박×체험

현지인 집에서 보내는 특별한 하룻밤과 바다낚시, 등산, 향토요리 만들기 등 쓰시마 사람들과 함께하는 체험 프로그램을 신청할 수 있다. 시기마다 다양한 체험이 가능한데, 3월에는 겨울에 자란 표고버섯 수확, 6~12월은 비파, 유자, 복숭아 등의 과일 수확, 9월은 붉은배새매 이동 관찰, 10월에는 쓰시마 꿀 채밀 체험 등이다.

민박의 아쉬운 점

숙박업체가 아니므로 한국어나 영어가 통하지 않아 의사소통의 어려움이 있고, 신청 내용을 바탕으로 협회에서 민박 가정을 지정해 주는 시스템이 불편할 수 있다. 하지만 현지인 집에서 이색적인 하룻밤을 보내는 것은 잊지 못할 추억이 될 것이다. 출발 전 아주 간단한 일본어 생활 회화를 공부한다면, 충분히 의미 있는 여행이 될 수 있다.

민박×체험을 예약할 수 있는 곳

쓰시마 그린 블루 투어리즘의 홈페이지(일본어), 전화, 우편, 팩스 등을 통해 예약이 가능하다. 한국에서는 웹브라우저의 번역 기능을 이용해 일본어 홈페이지에서 예약해보자. 이름, 전화번호, 이메일, 주소와 여행 일정을 신청 양식에 따라 작성하면 된다. 민박과 체험은 사전에 일일이 준비해야 하는 수고가 있다. 예약 후 사정이 생겨 취소할 경우엔 반드시 협회에 알려 예약을 취소하자. 예약 후 나타나지 않는 한국인 여행자의 노쇼 No-show는 담당자뿐 아니라 전체 한국인 여행자의 이미지에도 큰 피해다.

❶ **쓰시마 그린 블루 투어리즘** 対馬グリーンブルーツーリズム
Address 上県町志多留208
Cost 1인 석·조식 포함 7,800엔, 조식 포함 6,000엔, 민박만 5,000엔
Tel 0920-85-1756
Fax 0920-85-1755
Email info@tsushima-gbt.com
Web tsushima-gbt.com

Try Tsushima 3
Camping 캠핑 즐기기

쓰시마 여행에서 빼놓을 수 없는 것이 바로 캠핑이다. 가족, 친구, 연인과 함께 자연을 벗 삼아 맑고 청량한 공기를 누리며 별이 쏟아지는 하늘 아래에서 하룻밤을 묵어보자. 쓰시마의 캠핑장은 깔끔하게 정돈돼 있고, 수도와 바비큐 시설, 취사도구 등의 편의시설도 잘 갖추고 있다. 그러므로 쓰레기와 뒤처리, 다른 이용자를 배려하는 것을 절대 잊지 말자.

❶ 아유모도시 자연공원 鮎もどし自然公園

이즈하라 남쪽, 아유모도시 자연공원 내에 캠핑장이 자리해 있다. 공원 입구의 천연 화강암 계곡은 그야말로 장관이다. 슬라이드와 잔디 광장, 산책로 등이 있어 가족 여행에 좋다. 캠핑장은 예약 신청 후 이용이 가능하며 온수가 나오는 샤워시설과 공동 가스시설을 갖추었다. 텐트 이용 시 취사도구와 랜턴(건전지 본인 부담)을 대여해 주지만 텐트용 침구는 지참해야 한다.
예약은 사용일 2개월 전부터 접수를 시작한다. 쓰시마 부산사무소 홈페이지에서 신청서를 다운받아 쓰시마 시 재산관리운용과로 팩스 접수, 접수 후 예약 여부를 알려주는 회신 팩스가 발송된다.

Address 厳原町豆酘1249-56
Access 이즈하라항에서 차로 25분.
버스 탑승 시 아자모하마선 아유모도시 하차(기사님께 아유모도시 자연공원에서 하차한다고 말해둘 것)
Open 7월 중순~8월 말
Check in 13:00~17:00 ※ 시간 엄수, 취소 시 반드시 사전 연락할 것
Cost 상설텐트 10인용 6,000엔,
상설텐트 6인용 3,600엔,
텐트 장소 대여 1,500엔
※ 상설텐트에는 취사도구, 식기 포함
Fax 001-81-920-53-6112
Mapcode 850 521 856

ⓒ 쿠니_김태우

❷ 아오시오노사토 캠핑장 青潮の里キャンプ場

이즈하라에 있는 작지만 귀여운 캠핑장이다. 방갈로, 텐트, 연수시설 등을 갖추었다. 바로 앞에 이즈하라 오우라 해수욕장이 자리해 있다. 작은 자갈이 깔린 아담한 해수욕장이다.
예약은 사용일 2개월 전부터 접수를 시작한다. 쓰시마 부산사무소 홈페이지에서 신청서를 다운받아 쓰시마 시 아오시오노사토 관리동으로 팩스 접수, 접수 후 예약 여부를 알려주는 회신 팩스가 발송된다. 아오시오노사토 캠핑장 이용 시 여권 사본 제출이 필요하다. 캠핑장 내에는 복사기가 없으니 여권을 복사해 여권 사본을 지참할 것.

Address 厳原町尾浦24
Access 이즈하라항에서 차로 15분.
버스 탑승 시 구타·안신선 오우라尾浦 하차 후 바다를 오른쪽에 끼고 도보 2분
Open 7월 중순~9월 말
Check in 13:00~17:00 ※ 시간 엄수,
취소 시 반드시 사전 연락할 것
Cost 방갈로(6인용) 7,000엔,
로그캐빈(5인용) 6,000엔,
상설텐트(5인용) 3,000엔,
텐트 장소 대여 1,500엔,
연수실(1시간) 600엔
※ 상설텐트에는 취사도구, 식기 포함
Fax 001-81-920-52-0140
Mapcode 850 589 429

❸ 미우다 캠핑장 三宇田キャンプ場

1996년 '일본의 해변 100선'에 선정된 미우다 해수욕장에 위치한다. 해변이 내려다보이는 언덕에 자리하며, 도보 3분 거리에 나기사노유 온천이 있다.
예약은 사용일 2개월 전부터 접수를 시작한다. 쓰시마 부산사무소 홈페이지에서 신청서를 다운받아 주식회사 티쓰리로 팩스 접수, 접수 후 예약 여부를 알려주는 회신 팩스가 발송된다.

Address	上対馬町西泊1217
Access	히타카츠항에서 차로 5분. 버스 탑승 시 히타카츠 순환선 나기사노유渚の湯 하차 후 미우다 해수욕장 안내 표지를 따라 해수욕장에서 왼쪽의 언덕까지 도보 3분
Open	상설텐트 5~10월(텐트 장소 대여 다음 해 3월까지)
Check in	13:00~17:00 ※ 시간 엄수, 취소 시 반드시 사전 연락할 것
Cost	상설텐트(6인용) 3,600엔, 텐트 장소 대여 1,500엔, 취사도구·식기 1일 대여 500엔, 침낭 1박 1장 500엔 ※ 상설텐트에는 취사도구, 식기 포함
Fax	001-81-920-86-4678

Mapcode 539 898 884

❹ 아소베이파크 오토캠핑장 あそうベイパークオートキャンプ場

미쓰시마에 자리한 56.1ha 크기의 공원으로 그 규모가 상당하다. 사계절 내내 다양한 식물과 꽃을 볼 수 있고 산책로와 전망대도 갖추었다. 캠핑장도 좋지만 카약을 탈 수 있는 앞바다와 쓰시마 말, 다이슈바를 만날 수 있는 점도 좋다.
예약은 사용일 2개월 전부터 접수를 시작한다. 쓰시마 부산사무소 홈페이지에서 신청서를 다운받아 그린아일랜드 합동회사 관리동으로 팩스 접수, 접수 후 예약 여부를 알려주는 회신 팩스가 발송된다.

Address	美津島町大山584-1
Access	이즈하라항에서 차로 35분. 버스 탑승 시 이즈하라·히타카츠선 이누보에 입구犬吠入口 하차 후 아소베이파크 안내 표지가 있는 길을 따라 쭉 걸어간다. 도보 20분 이상(기사님께 아소베이파크에서 하차한다고 말해둘 것)
Open	연중무휴
Check in	13:00~16:30 ※ 시간 엄수, 취소 시 반드시 사전 연락할 것
Cost	텐트(6인용) 3,600엔, 오토캠핑장 텐트 장소 대여 1,000엔, 카누·보트(2인승, 30분) 300엔, 퍼팅 골프 200엔, 다목적 광장(2시간) 1,300엔 ※ 텐트 대여 시 장소 대여를 포함해 신청할 것
Fax	001-81-920-54-4995
Web	asoubaypark.com

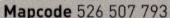

Mapcode 526 507 793

❺ 신화의 마을 자연공원 神話の里自然公園

널찍한 공터와 아담한 일본식 정원, 아이들을 위한 놀이기구가 있다. 아름다운 바다 전망이 있고 에보시다케 전망대 및 와타즈미 신사와 가깝다는 것도 장점이다.
예약은 사용일 2개월 전부터 접수를 시작한다. 쓰시마 부산사무소 홈페이지에서 신청서를 다운받아 쓰시마 시 도요타마 지역 활성화센터 지역지원과로 팩스 접수, 접수 후 예약 여부를 알려주는 회신 팩스가 발송된다.

Address	豊玉町仁位51-1
Access	이즈하라항에서 차로 1시간, 히타카츠항에서 차로 1시간 30분. 버스 탑승 시 이즈하라·히타카츠선 니이仁位 하차. 니이 버스정류장 쓰시마 교통사무소에서 콜택시 문의 후 이용 추천(10분, 약 1,330엔)
Open	연중무휴
Check in	13:00~16:30 ※ 시간 엄수, 취소 시 반드시 사전 연락할 것
Cost	방갈로(2인용, 샤워와 화장실 사용 포함) 3,000엔, 텐트(5인용, 취사도구와 식기 불포함) 1,000엔, 오토캠핑장 텐트 장소 대여 2,000엔, 침낭 1박 1장 500엔, 시 카약(90분, 강사 포함) 4,000엔 ※ 텐트 대여 시 장소 대여를 포함해 신청할 것
Fax	001-81-920-58-0317

Mapcode 526 742 857

Try Tsushima 4
Making Soba 소바 만들기

쓰시마의 맑은 물을 머금고 자란 메밀로 만든 소바를 다이슈 소바対州そば라 부른다. 여전히 쓰시마 대부분의 가게에서 기계가 아닌 손으로 직접 면을 만드는데, 이 과정을 체험할 수 있다. 100% 메밀가루와 물만을 이용해 반죽을 만드는 약 1시간의 과정을 거쳐, 직접 만든 소바를 시식하는 것으로 아이를 동반한 가족 단위 여행자에게 좋은 체험이다.

다이슈 소바 만들기

1 메밀가루에 따뜻한 물을 조금씩 부어주며 살살 굴린다.

2 점성이 생긴 반죽을 손바닥으로 밀어 하나로 뭉친다.

3 덩어리가 된 반죽 안의 공기를 빼준다.

4 밀대로 반죽을 밀어 곱게 편다.

5 전문가에게 도움을 받아 정사각형으로 만든다.

6 커다란 칼을 이용, 일정한 간격으로 자른다.

7 뜨거운 물에 삶고, 얼음물에 헹궈 내면 완성.

8 체험이 끝나면 식당으로 이동해 직접 만든 소바를 시식할 수 있다.

체험 가능한 곳

❶ 소바도장 타쿠미 60p
@ 이즈하라
❷ 소바도장 아가타노사토 141p
@ 가미아가타

Try Tsushima 5
Hot Spring 느긋한 온천 여행

화산활동이 많은 일본은 온천도 많다. 일본 전국에 3,000여 개가 넘는 온천이 존재하며 알려지지 않은 곳도 많다고. 쓰시마에도 여행자를 유혹하는 온천이 있다. 히타카츠항과 가까운 나기사노유를 비롯해 이즈하라 이사리비 공원의 족욕탕까지 온천마니아라면 꼭 들러야 할 여행 코스다.

일본 온천 즐기기

때를 밀고, 개운한 느낌으로 목욕을 즐기는 한국과 다르게 일본은 느긋하게 몸을 데우는 목욕을 즐긴다. 그러니 일본 온천을 이용할 때 때수건은 잠시 넣어두자. 탕에 들어갈 때는 몸을 닦고 나올 수건을 지참하되 수건이 탕에 들어가지 않도록 유의하자.

1. 온천에 입장하면 간단하게 샤워를 해서 몸을 닦고, 미지근한 물을 끼얹는다.
2. 반신욕, 전신순으로 천천히 탕을 이용한다.
3. 탕 이용 시간은 10~15분 정도, 하루에 2~3번이 적절하다.
4. 입욕 후에는 온천수에 함유된 유효 성분이 씻기지 않도록 샤워를 삼간다.
5. 수건으로 물기를 가볍게 닦고, 차나 물을 마신다.

쓰시마의 온천

① 나기사노유 32p @ 가미쓰시마
② 호타루노유 130p @ 미네
③ 윳타리랜드 쓰시마 105p @ 미쓰시마
④ 다마노유 105p @ 미쓰시마
⑤ 이사리비 공원 내 족욕탕 46p @ 이즈하라

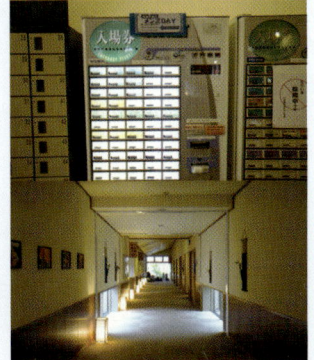

Try Tsushima 6
Activity 쓰시마 액티비티

쓰시마는 바다로 둘러싸인 섬이자 89%가 산림인 그야말로 자연이 가득한 곳이다. 청정자연에서 자라 온 다이슈바 승마 체험, 잔잔하고 고즈넉한 쓰시마의 비경 아소만에서 즐기는 카야킹, 그리고 다양한 어종이 가득한 쓰시마 바다에서의 낚시까지. 특히 어린이를 동반한 여행이라면 더 즐거울, 쓰시마를 만끽할 수 있는 액티비티를 즐겨보자.

다이슈바 승마 체험

일본에서도 귀한 재래종 말 중 하나인 다이슈바対州馬는 체격이 작고 튼튼하며 온순하다. 험한 산길이 많은 쓰시마에서 농작물과 나무 등을 운반하는 데 도움을 주었다. 오래전, 쓰시마의 남자들은 어업에 종사하며 바다에서 일을 했기 때문에 말을 돌보고 관리했던 것은 주로 여성이었다. 매년 10월 셋째 일요일에는 다이슈바를 테마로 한 축제인 하쓰우마 축제初午祭가 메보로댐 승마공원에서 열린다.

❶ 메보로댐 승마공원 目保呂ダム馬事公園
다이슈바의 체격이 작기 때문에 80kg을 넘지 않는 성인과 어린이만 체험이 가능하다. 보조원이 동행하는 승마 체험을 비롯해 다양한 코스가 있는데 메보로댐 산책 코스는 70kg 이하만 참여할 수 있다. 일상을 보내고 있는 말들을 직접 만나 볼 수 있어 어린이를 동반한 가족 여행자에게 추천한다.

Address 上県町瀬田
Access   히타카츠항에서 차로 54분
Open   09:30~17:00, 월·목 휴무
Cost   보조원이 동행하는 5분 코스 500엔, 조교사의 승마 지도 30분 코스 1,000엔, 리버사이드 트레킹 30분 코스 2,000엔, 메보로댐 산책 트레킹 60분 코스(경험자만 가능) 8,000엔
Tel   0920-85-1113
Mapcode 539 496 544

❷ 아소베이파크 あそうベイパーク
다이슈바를 꼭 타지 않더라도 가까이서 볼 수 있는 공원이다. 미쓰시마의 아소베이파크는 다이슈바가 멸종되지 않도록 보호하고 있다. 비교적 가까운 거리에서 말을 볼 수 있고, 자유롭게 거니는 모습도 보인다. 어떤 말들은 급경사의 비탈진 산을 오르기도 하는데 직접 보면 신기하다. 102p 참고.

시 카야킹 즐기기

전문 강사의 강습을 통해 누구나 즐길 수 있는 액티비티다. 아소만의 바다가 비교적 잔잔하기 때문에 시 카약을 처음 타는 사람도 부담 없이 즐길 수 있다. 다이빙과 시 카약을 함께 묶은 프로그램도 있으며, 1일 투어와 반나절 투어가 있다. 1일 투어는 약 6시간(09:30~15:30)이 소요되며, 쓰시마 향토음식이 점심식사로 제공된다. 반나절 투어는 약 3시간(09:00~12:00, 13:00~16:00) 소요.
1년 내내 체험 가능하고, 1명이어도 예약 가능하다. 투어 비용에는 장비 대여와 가이드비, 보험이 포함되어 있다. 이메일이나 전화 예약이 부담스럽다면 숙박, 배편을 예약한 여행사 혹은 쓰시마 관광안내소에서 예약 문의를 해보자.
※ 해양 레저 활동 중 예상치 못한 상황이 일어날 수 있으므로 반드시 가이드의 지시와 안내에 따를 것

❶ 쓰시마 에코 투어 対馬エコツアー

Address	美津島町箕形29
Access	이즈하라항에서 차로 30분
Cost	1일 투어 10,000엔, 반나절 투어 6,500엔
Tel	0920-54-3595
Fax	0920-54-3695
Email	seakayak@kacchell-tsushima.net
Web	seakayak.kacchell-tsushima.net

Mapcode 526 436 741

낚시 여행

청정 지역 쓰시마에 낚시 여행을 오는 여행자도 많다. 낚시는 배를 타고 나가 고기를 잡는 선상 낚시와 해안가 갯바위에서 하는 갯바위 낚시가 있다. 입국하는 히타카츠와 이즈하라를 비롯해 쓰시마 내 곳곳에서 낚시 장비를 빌릴 수 있어 별다른 준비 없이도 가능하다. 선상 낚시를 위해 여행을 오는 경우에는 낚시 전문 민숙을 이용하면, 낚시에 전념하는 여행을 만들 수 있다. 여행사에 문의해 선상 낚시 프로그램을 제공하는 현지인 민숙을 이용하거나, 한국인이 운영하는 낚시 전문 민숙을 이용할 수 있다. 단, 쓰시마에서 즐거운 낚시를 위해 알아둘 사항은 다음과 같다.

1 쓰시마 어협조합원 이외의 사람이 전복, 소라, 성게 등을 채취하는 것은 금지되어 있다. 채취할 경우 20만엔 이하의 벌금이 부과된다.
2 먹이를 뿌려 낚시하는 것을 금지하고 있다.

Step to Tsushima 1
쓰시마 여행 준비

❶ 일반 정보

언어 | 일본어 사용. 식당이나 상점 등에 한국어 안내도 있지만 관광지가 아닌 경우 한국어 혹은 영어 소통이 어렵다.
지형 | 남북 약 82km, 동서 18km로 가늘고 긴 모양의 섬. 본섬 외에 107개의 섬이 있다.
인구 | 2018년 기준 30,219명. 인구가 계속 감소하고 있고, 65세 이상의 고령자가 약 30%
기후 | 쓰시마 난류의 영향으로 강수량이 많은 해양성 기후, 우리나라의 부산과 비슷한 날씨
시차 | 한국과 일본은 시차가 없다.
통화 | JPY(Japanese Yen/¥), 엔화 사용
환율 | 100엔≒1,009원(2018년 8월 기준)
전압 | 110V(변환 어댑터 필요)
국제전화 | 국제전화번호-81(일본 국가번호)-92(0을 제외한 지역번호)-123-4567(전화번호) ※ 휴대폰 번호는 지역번호와 맨 앞자리 0을 제외
일본 내 전화 | 092-123-4567(0을 제외하지 않은 지역번호와 전화번호 그대로 이용)

❷ 여권

거주하는 지역의 구청이나 시청의 종합민원실 여권신청과에서 신청 가능. 구비 서류로는 신분증과 여권용 사진 1매, 발급 신청서, 발급 수수료, 미성년자의 경우 법정 대리인의 동의서가 필요하다. 여권은 복수여권(성인 10년, 미성년자 5년)과 단수여권(1년 이내)이 있으며, 수령하기까지 빠르면 4일이 소요된다.

❸ 비자

한국인의 단기체재 90일 이내에 대해서는 2005년 3월부터 무기한 비자면제 조치가 실시되고 있다.

❹ 여행 정보 찾기

쓰시마는 부산에 사무소를 두고 있다. 홈페이지에 여행 정보 안내와 질문을 할 수 있는 공간이 마련돼 있으며, 여행 자료를 신청하면 우편으로 보내주는 서비스를 제공한다.
Web   쓰시마 부산사무소 www.tsushima-busan.or.kr

쓰시마 혹은 규슈 여행 중심의 온라인 여행 카페도 많다. 여행 정보는 물론 쓰시마 승선권이나 긴급 특가 상품 등의 소식을 빠르게 접할 수 있다. 해운사의 홈페이지나 직접 구매하는 것보다 저렴한 표를 구할 수도 있으니 여행 전 참고하는 것이 좋다.

Web 올어바웃 대마도 cafe.naver.com/ilovetsushima
   대마도로 가자 cafe.naver.com/daemadoro
   대마도 여행 도우미 cafe.naver.com/hitakatsu
   재팬투어리스트 cafe.naver.com/japantourist

쓰시마의 생활과 문화 그리고 여행에 대해 포스팅하는 블로그에는 생생한 정보들이 담겨 있다. 쓰시마에서 생활하는 현지인이 운영하는 블로그(일본어)와 쓰시마를 자주 소개하는 블로그(한국어)를 참고해보자.

Web 쓰시마토(일본어) tsushimato.com
   타비짱(한국어) goo.gl/DNdYns
   애플민트(한국어) goo.gl/7RWea0

❺ 쓰시마 가는 방법

한국에서 쓰시마로 가는 여행자 대부분이 부산에서 배를 이용한다. 유일한 항공편이었던 코리아익스프레스에어의 노선은 잠정 중단된 상태다. 인터넷에 검색하면 18인승 소형 비행기를 타고 쓰시마로 향했던 1시간 남짓의 항공기 탑승 리뷰를 찾아볼 수 있다. 하지만 현재 국내에서 항공편을 이용해 쓰시마로 이동하는 경우는 드물다. 그러나 일본 본토인 후쿠오카와 나가사키 공항에서 쓰시마를 잇는 노선이 존재한다(왕복 30만 원 선). 쓰시마 ↔ 나가사키 구간은 오리엔탈에어브리지(35분 소요)가 하루 4~5편, 쓰시마 ↔ 후쿠오카 구간은 ANA항공(30분 소요)이 하루 4편 운항한다.

❻ 배편과 승선 전 알아둘 필수사항

JR규슈고속선, 대아고속해운, 미래고속 3개의 회사가 부산과 쓰시마를 잇는 배편을 운항한다. 3사의 운항 스케줄과 정박하는 항구가 다르니 여행 계획에 따라 비교하고 선택하는 것이 좋다. 특히 당일치기 여행의 경우 입국수속이 밀리면 체류 시간이 2시간도 안 되는 생각지 못한 변수가 생기기도 한다. 더불어 **각 회사마다 특가 운임 프로모션이 많은데, 자전거 포함이나 낚시 여행을 위한 여행자에게는 특가 운임이 적용되지 않는 경우도 있으니 구매 전 반드시 확인**할 것.

● JR규슈고속선 비틀

바다 위의 비행기라 불리는 제트포일 여객선이다. 부산 ↔ 히타카츠를 운항하며 가장 안정적인 스케줄과 비교적 쾌적한 승선감을 제공한다. 특가 운임이 적고, 이즈하라 스케줄이 없다는 것이 단점이다.

Web www.jrbeetle.co.kr

● 대아고속해운 오션플라워

오션플라워와 오션플라워2 두 종류가 있다. 히타카츠, 이즈하라항 모두 운항한다. 큰 짐을 실을 수 있어 낚시 여행자나 자전거를 동반한 여행자가 많이 이용한다. 단점은 제트포일보다 날씨의 영향을 많이 받아 결항, 항구 변경의 가능성이 있다. 또한 오션플라워2의 경우 800여 명의 승객이 승선할 수 있는데 이 때문에 승하선 시 출입국 시간이 오래 걸리기도 한다.
Web   www.daea.com

● 미래고속 코비, 니나
코비는 제트포일, 니나는 쌍동선이다. 히타카츠와 이즈하라 모두 운항한다. 좌석 수가 많고 특가 운임도 많아 인기가 있다. 하지만 운항 스케줄의 변동이 있는 편이고, 니나호의 경우 크고 작은 사고가 이어지고 있다는 단점이 있다.
Web   www.kobee.co.kr

● 멀미약 챙기기
뭍에서는 멀미 한번 치른 적이 없더라도 배를 타기 전에 멀미약을 챙겨 놓자. 알약, 가루약, 물약, 껌, 패치 등 다양한 종류가 있는데 약에 따라 복용방법과 주의사항이 다르니 약사에게 안내받아 구매할 것. 멀미약은 승선 1시간 전에 복용하는 것이 일반적이다. 멀미약에는 졸음, 방향감각 상실 등의 부작용이 있다. 복용 후 이상이 있었거나 임산부, 수유부, 소아, 노인, 허약자, 전립선 비대증 등 배뇨장애를 가진 자, 녹내장, 대사성질환, 간 또는 신장질환, 심장질환 등의 환자는 반드시 의사나 약사의 처방을 받아야 한다.

● 결항과 항구 변경의 가능성
인생을 통틀어 배 여행을 처음하는 사람도 있을 터! **배편이 결항되거나 항구가 변경될 가능성이 있음**을 알아두자. 결항이나 항구 변경은 아주 드물지만, 어떤 여행자는 돌아오는 길이 너무 급한 나머지 항공을 이용해 후쿠오카로 이동, 후쿠오카에서 다시 한국행 비행기를 탑승했다는 후기가 있다. 그만큼 배를 자주 타지 않는 사람들에게는 당황스러운 사건이 될 수 있으니 여행 전 파고를 확인하고 여객선사에 문의하는 것도 좋다.
파고란 잔잔한 해수면을 기준으로 바다 물결의 높이를 말한다. 파고가 2m 이상인 경우 결항 가능성이 있고, 결항 여부는 각 여객선사마다 다르므로 출발 전 선사 홈페이지를 꼭 확인하자. 검은색에서 붉은색으로 갈수록 파고가 높아지는 셈이다.
Web   파고 확인 www.imocwx.com/cwm.php

● 터미널 이용료와 유류세
부산에서 예약한 배편의 티켓을 받을 때, 쓰시마에서 다시 부산으로 돌아올 때 터미널 이용료와 유류세를 낸다. 둘 다 현금으로 지불해야 하고 한국에서는 한화, 일본에서는 엔화로 지불한다. 날마다 차이가 있는데 보통 **부산에서는 1만 원 내외, 이즈하라와 히타카츠항에서는 400~500엔 정도**가 필요하다. 따라서 일정 금액의 한화를 준비하고, 여행 중 엔화를 야무지게 다 써버리지 말고 조금 남겨두자.

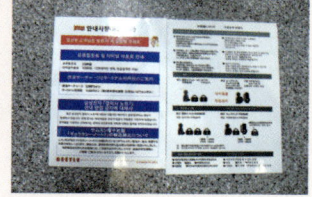

❼ 숙소 예약

쓰시마는 배편보다 숙소 구하기가 어려운 여행지다. 이즈하라에 200인 이상을 수용할 수 있는 도요코인 호텔이 2017년 3월 오픈, 쓰시마 숙소난 해결을 기대하고 있다. 1박 이상을 계획한 경우 숙소를 먼저 찾고 승선권을 구하는 것도 좋은 방법이다. 호텔의 경우 인터넷 등을 통해 직접 예약할 수 있지만 쓰시마 숙소의 매력인 민박은 전화 예약, 그것도 일본어만 가능한 경우가 있다. 이런 경우 여행사에 문의하는 것도 좋다.

❽ 면세점 쇼핑

부산국제여객터미널 내의 면세점은 규모가 작고 물건이 다양하지 않다. 가능하면 인터넷 면세점을 이용해 쇼핑리스트를 체크하고 구매하자. 면세점마다 다르지만 부산국제여객터미널은 '부산항'이나 '부산국제부두'로 표기된 곳이니 이곳으로 인도장을 신청한다.

인터넷 면세점과 부산국제여객터미널 면세점에서 미처 구매하지 못했다면 배 안에서도 구매할 수 있다. 배마다 면세품 종류가 다르지만 여행자에게 가장 인기 있는 것은 단연 주류와 담배. 신용카드 이용이 가능한데 카드 승인에 시간이 걸린다. 배 안에서 면세품 구매 후 가격 차이로 피해를 본 사례가 있으므로 카드 구매 시에는 반드시 결제된 내역을 확인하는 것이 좋다.

❾ 예상 경비

배편과 숙소 예약을 제외한 하루 예상 경비의 대부분은 식사와 쇼핑에 사용될 것이다. 대중교통을 이용한다면 1,000엔짜리 쓰시마 버스 1일 프리패스를 이용하자.

● 숙박을 할 경우 하루 예상 경비
버스 1일 프리패스 1,000엔+점심·저녁식사 2,000~3,000엔+기타 쇼핑=약 5,000엔+α

❿ 환전과 신용카드

날씨에 따라 배편이 결항될 가능성이 있으므로 기존 일본 여행보다 환전을 넉넉히 할 것을 권한다. 또한 쓰시마의 많은 식당과 상점에서는 신용카드 사용이 불가능하다. 따라서 환전은 충분히 할 것. 더불어 현지에서 약간의 환전이 필요할 경우를 대비해 일정 금액의 한화를 챙겨 가자. 환전은 주거래 은행을 통한 환전을 추천하며, 여름휴가 시즌이나 은행마다 있는 환전 수수료 이벤트를 노려보자.

⓫ 와이파이와 유심

이즈하라 중심가, 히타카츠 중심가에는 쓰시마 시가 제공하는 무료 와이파이 존이 있다. 1박 이상 여행하고 2인 이상이라면 함께 쓸 수 있는 포켓 와이파이를, 나 홀로 여행자라면 데이터 사용이 가능한 유심 구매를 권한다.

> **Check! 쓰시마 물가 체크**
>
> 일본 여행을 자주 한 사람이라면 쓰시마의 슈퍼마켓을 비롯한 잡화점 등에서 쇼핑을 할 때 살짝 놀랄 수 있다. 물건을 일본 본토에서 가져와 비싼 편이기 때문. 드러그스토어와 이즈하라, 히타카츠 면세점 등 몇몇 면세를 받을 수 있는 곳을 잘 이용하자.

> **Check! 시마토쿠, 쓰시마에선 사용할 수 없다!**
>
> 나가사키 현에서 주변 섬들을 여행하는 여행자에게 시마토쿠라는 여행자 화폐를 만들어 사용을 권하고 있다. 5,000엔의 시마토쿠를 구입하면 6,000엔으로 이용할 수 있어 유용하다. 2015년 이전에는 쓰시마도 시마토쿠를 사용할 수 있었지만 2015년 10월부터 발행이 중단됐다. 2016년 11월 시마토쿠 사업 재개 소식이 있었으나 아쉽게도 쓰시마는 제외되었다.

⑫ 여행자보험

가능하면 인터넷에서 가입하는 게 편하다. 3~4일의 여행자보험은 1만 원 내외다. 여행 전에 잊어버렸다면 부산국제여객터미널에서 가입할 수 있다. 1층에 자리한 규슈투어를 찾아가보자.

⑬ 짐 꾸리기

패션 화보를 찍을 목적이 아니라면 옷은 최소한으로, 되도록 짐을 줄이자. 단, 당일치기라도 슈퍼털이 등의 쇼핑이 목적이라면 캐리어를 가지고 갈 것. 11자형 플러그와 예약 바우처 등의 필수품도 잊지 말자.

⑭ 여행 전 볼만한 영화와 책

● 다큐멘터리 <최소의 통신사 이예의 길>
이누이 히로아키 감독, 윤태영 주연, 2012

울산MBC 창사 45주년 특별기획 한일공동제작 다큐멘터리다. 이즈하라에 산재한 조선통신사의 유적을 둘러보기 전에 보면 좋다. 이예선생은 조선 초 활약했던 전문 외교관이다. 어린 시절 왜구의 침략에 어머니를 잃었지만 성인이 되어 왜구와 일본을 포용한 극적인 스토리가 나온다. 배우 윤태영의 유적지 탐방과 현재를 살아가는 학자와 후세들의 한일관계 개선 방향 등에 대한 코멘트가 담겨 있다. 인상적인 장면 중 하나는 일본 배우 나카시마 준이치의 연극 장면이다. 그는 사랑하는 어머니를 왜구에 빼앗긴 한 사람, 이예가 어떤 생각과 감정을 가졌는지, 어떤 인생을 살았는지 상상하며 이예공이 되어 일본어로 연기한다.

● 영화 <덕혜옹주>
허진호 감독, 손예진·박해일 주연, 2016

고증 부분에서 오류 지적이 많으나 덕혜옹주가 살았던 시대 배경과 분위기를 간접적으로 체험할 수 있다. 쓰시마에서 많은 한국인 여행자가 들르는 곳이 바로 이즈하라의 덕혜옹주 결혼 봉축 기념비다. 기념비 하나만 덜렁 서 있어 직접 방문해도 큰 감흥을 느끼기는 어렵다. 특히 역사적 맥락과 비운의 삶을 살았던 덕혜옹주의 이야기를 모른다면 더더욱 그럴 것이다. 슬프고 처연했던 덕혜옹주의 삶을 전한 배우 손예진의 연기가 훌륭하다. 우리가 몰랐던 조선 왕실의 마지막 모습과 왕녀의 기구한 삶을 상상해 볼 수 있다. 영화를 통해 한 '사람'으로서의 덕혜옹주를 만난다면 기념비 앞에서 결코 아무런 느낌을 받지 못할 리가 없다.

● 책 『조선통신사 옛길을 따라서』
부산문화재단 저, 한울, 2014

부산문화재단이 만든 『조선통신사 옛길을 따라서』는 총 3권으로, 부산에서 출발한 통신사의 길을 고스란히 따라간다. 역사적, 외교적 관점 등 다양한 이야기가 버무려져 있지만, 이 책의 특징은 지역을 중심으로 서술한다는 점이다. 때문에 일본 여행을 앞둔 여행자가 읽기 좋다. 쓰시마를 비롯해 바다가 끝나자 가마로 바꿔 타는 오사카, 통신사의 땀과 한숨이 서린 천하절경 하코네 등 여행자에게 익숙한 혹은 생소하지만 흥미로운 지역을 중심으로 이야기가 담겨 있다.

Step to Tsushima 2
출입국하기

❶ 부산국제여객터미널

KTX가 정차하는 부산역 뒤로 카페리와 쾌속선이 정기 취항하는 국제여객터미널이 있다. **부산역 2층 8번 선상주차장 출구**로 나와 앞쪽의 주차장이 아닌 바로 오른쪽 인도로 걷는다. 이때 **대각선 왼편 멀리 부산국제여객터미널**이 보일 것이다. 우측에 엘리베이터가 나오면 타고 내려가 횡단보도로 충장대로를 건넌다. 다시 왼편으로 횡단보도를 건너 터미널까지 약 1.2km 이동한다. 출국장은 3층이다. 터미널에는 배의 출발 시간 약 1시간 전까지 도착하는 것이 좋다.
Address 부산광역시 동구 충장대로 206(초량동)
Tel 051-400-1200/1201　　Web www.busanpa.com/bpt/Main.do

❷ 히타카츠국제터미널

부산에서 히타카츠국제터미널까지 약 1시간 10분이 걸린다. 크진 않지만 깨끗하고 깔끔하다. 승선과 하선 시간에만 붐비며 그 외의 시간에는 한적한 편. 총 2층 건물로 1층은 수속을 위한 공간, 관광안내소, 로커, 기념품 상점 등이 있다. 2층에는 작은 카페와 휴게 공간이 있어 남는 시간을 보내기 좋다.

❸ 이즈하라국제터미널

부산에서 이즈하라국제터미널까지 약 2시간 30분이 걸린다. 히타카츠국제터미널에 비해 낡고 특별한 시설도 없다. 관광안내소가 있지만 작고, 직원이 자리를 비울 때가 있으니 시내로 들어와 티아라 몰 근처의 후레아이도코로 쓰시마 이용을 추천한다. 국제터미널에서 이즈하라 중심가까지 도보 10분이면 도착한다.

> **Check!** 일본 입국심사
>
> 2007년 11월부터 특별영주자 · 16세 미만인 자 · 외교/공용 비자 취득자를 제외한 일본에 입국하는 모든 외국인은 입국심사 시 양 검지의 지문 채취와 얼굴 사진을 촬영한 후 입국심사관의 대면 인터뷰를 받고 있다. 특별한 어려움은 없고, 일본어를 몰라도 큰 문제가 되지 않으니 안심하자. 쓰시마에 입국하는 외국인은 대부분 한국인이며, 입국심사 시 특별한 인터뷰는 없는 편이다.

❹ 입국카드와 휴대품 신고서

영어(대문자)나 일본어로 기재. 승선 전 미리 작성하거나 배에서 작성하여 제출한다.

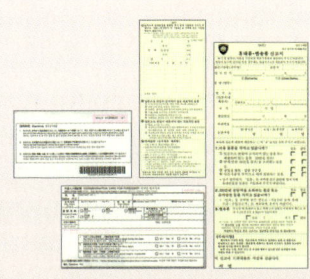

Step to Tsushima 3
시내 교통

❶ 버스

사람들이 살고 있는 마을 입구 주변으로 버스 노선이 만들어져 있다. 주민들의 출퇴근이나 학생들의 등하교를 중심으로 버스 시간표가 만들어져 여행자에게는 조금 아쉬운 편이다. 여행자가 많이 이용하는 노선은 이용객이 한꺼번에 몰려 탑승하지 못하는 경우도 있다. **10:58에 이즈하라에서 출발하는 히타카츠행 버스와 16:36에 히타카츠에서 출발하는 이즈하라행 버스는 특히 붐비므로 주의!** 각 지역의 병원이나 진료소를 중심으로 버스 노선이 정리되어 있는 모습도 흥미롭다. 이즈하라, 히타카츠, 니이에 쓰시마 교통사무소가 있고, 쓰시마 교통 홈페이지에서 한국어로 안내된 쓰시마 버스 시간표와 노선도를 제공하고 있다.

Web 쓰시마 교통 tsushima-traffic.com

❷ 택시

쓰시마 전역의 모든 택시는 콜택시다. 이즈하라, 히타카츠에서 택시를 이용하고 싶을 땐 관광안내소에서 문의할 수 있다. 도요타마 니이 버스정류장의 쓰시마 교통사무소에서도 콜택시 요청을 할 수 있다.

● **쓰시마는 모두 콜택시**
이즈하라 택시 0920-52-0227
이즈하라 호텔 쓰시마 택시 0920-52-0500
히타카츠 쓰시마 택시 0920-86-2131
히타카츠 가미아가타 택시 0920-86-2104
미쓰시마 택시 0920-54-4444
도요타마 택시 0920-58-1251
미네 택시 0920-83-0140
미네 사카 택시 0920-82-0779
가미아가타 다이이치 택시 0920-84-5311

● **거리에 따른 콜택시 요금 예시**
히타카츠항 → 미우다 해수욕장
(2.7km, 약 5분) 약 900엔
히타카츠항 → 오우라 밸류 마트
(4.4km, 약 8분) 약 1,200엔
히타카츠항 → 사스나 소바도장
(10.8km, 약 17분) 약 2,500엔
사스나 소바도장 → 오우라 밸류 마트
(6.2km, 약 9분) 약 1,300엔
※ 2018년, 편도 기준이며 택시 요금은 달라질 수 있다.

❸ 자전거 여행

쓰시마에서 대여할 수 있는 자전거는 전동과 일반자전거 두 종류. 여행객이 몰릴 경우 자전거 대여가 불가능할 수 있으니 여행 전 미리 예약하는 것이 좋다. 특히 전동자전거는 예약 필수. 터널을 지날 때, 차도를 이용할 때 각별히 주의해야 하며 차가 없더라도 횡단보도를 건널 때 반드시 신호를 지키자. **좁은 길에서 크고 작은 사고가 일어나는 경우가 있으니 특히 주의할 것.**

Web 친구야 & 키요(히타카츠)
www.chinguya.co.kr/product/bicycle/
시마이 플라워숍(히타카츠)
www.facebook.com/Shimai.Katsunori

❹ 도보 여행 주의사항

이즈하라 중심가를 제외하면 모두 시골 느낌이다. 하지만 생각보다 차가 많이 다니고 속도를 높이는 운전자도 있어 인도가 없는 도로를 걸을 때는 주의하자.

Step to Tsushima 4
렌터카 이용

쓰시마에서 렌터카를 이용할 때는 인수한 곳에 반납하는 것이 대부분이다. 히타카츠에서 인수했다면 히타카츠에서 반납, 이즈하라에서 인수했다면 이즈하라에서 반납한다. 아무 데나 반납할 수 없으니 이 점을 고려해 여행 일정을 짜보자. 히타카츠, 이즈하라 그리고 공항이 있는 미쓰시마에서 렌터카를 빌릴 수 있다.

● **렌터카 예약 시 주의사항**
여행자에 비해 렌터카가 부족한 경우도 있다. 렌터카 여행을 계획했다면 미리 예약할 것을 추천한다. 여행사나 소셜커머스, 사이트에서 직접 예약하는 방법이 있다. 친구야 렌터카와 타크미 렌터카는 한국어 사이트를 통해 예약 가능하다.

친구야 렌터카
Tel	070-7842-2362
Web	www.japanrent.co.kr/index.do

타크미 렌터카
Tel	070-7768-8439
Web	hitakatsu.com

Check! 렌터카 업체 연락처

1. 이즈하라 및 공항 근처
버짓 렌터카 0920-52-1571
도요타 렌터카 0920-53-6300
오릭스 렌터카 0920-54-2220
요시나가 렌터카 0920-54-4111
구코인 렌터카 0920-54-3329
니코니코 렌터카 0920-54-8118

2. 히타카츠
쓰시마 렌터카 0920-86-2221
JIN 렌터카 0920-86-3409
버짓 렌터카 0920-86-2145
히토츠바타고 렌터카 0920-88-6101
이시마루 오토렌터카 090-7157-2020
유유 렌터카 0920-88-9060

Check! 쓰시마 렌터카 보험의 특이점

일반적으로 일본에서 렌터카를 이용할 때 NOC보험 가입을 하게 된다. 이는 사고가 났을 경우 차량의 파손과 고장으로 인해 차량을 사용하지 못하는 기간에 대한 영업손실비를 위한 보험이다. 그런데 쓰시마의 경우 이 NOC보험 가입이 불가능하다. 따라서 사고가 발생하면 2~10만 엔 이상의 비용이 발생하며, 견인이 필요할 경우 견인 비용이 별도로 청구된다. 렌터카 여행 시 조심 또 조심할 것을 권한다.

● **국제운전면허증 발급**
일시적으로 외국 여행지에서 운전할 수 있도록 발급되는 운전면허증이다. 전국 운전면허시험장이나 각급 지정 경찰서에서 발급받을 수 있다. 대기 인원이 많지 않다면 30분 이내로 가능하다.

준비물
본인 신청 시 여권과 운전면허증, 여권용 혹은 반명함판 1매와 수수료 8,500원

유효기간
발급일로부터 1년

● **렌터카 이용 시 주의사항**
1 일본은 운전석이 한국과 반대다. 그래서 상대편 차량이 오지 않을 때 한국인 여행자가 역주행하는 경우가 많다.

2 정지(とまれ | 토마레) 사인이 있는 곳에서는 잠시 정차했다 출발한다.
3 음주운전, 속도위반, 주정차위반, 휴대폰 사용 등은 엄격히 금지하는 사항이다.
4 좁은 도로에서 대형 차량을 만나면 차라리 정차해 상대 차량을 보낸 뒤 출발하자.
5 특별히 제한 속도 표지가 있는 곳을 제외하면 쓰시마 내의 제한 속도는 시속 60km이다.
6 좌측통행이지만 좌회전 비보호가 아니다. 빨간불에는 무조건 정차한다.
7 렌터카 인수 시 차량을 꼼꼼히 확인하고, 주요 부분을 사진으로 남겨 두도록 한다.
8 주유소에서 기름을 가득 채운 뒤 반납한다.

● 내비게이션 사용

렌터카 회사에 따라 내비게이션이 다르다. 한국어를 지원하는 경우와 그렇지 않은 경우가 있으니 예약할 때 문의하도록 하자. 내비게이션 사용은 렌터카 인수 시에 안내받을 수 있고, 차량에 안내 자료를 비치하고 있으므로 확인하고 출발하면 된다. 맵코드와 전화번호 등을 이용할 수 있으니 여행 계획을 세울 때 맵코드 혹은 전화번호를 미리 찾아두자.

> **Check! 일본 자동차의 스티커**
>
> 일본에서 운전을 하다 아래의 스티커 마크를 발견하면 주의하자.
>
> **새싹 마크 (わかばマーク | 와카바마크)**
> 면허 취득 1년 미만의 운전자가 의무적으로 부착한다.
>
> **가랑잎 마크 (枯れ葉マーク | 카레하마크)**
> 75세 이상 고령 운전자가 의무적으로 붙이는 마크. 주위 운전자는 이 스티커를 붙인 차량을 보호할 의무가 있다. 단풍 마크에서 2011년 디자인이 변경되었다.

● 외국인 운전자 스티커

쓰시마에는 외국인 여행자가 이용하는 렌터카에 은행나무 모양의 '외국인 운전자' 스티커를 붙인다. 여행자와 현지인의 안전과 사고 방지를 위해 렌터카 이용 시 부착하지만, 사고 발생 시의 면책을 의미하진 않는다.

● 맵코드란?

일본의 지역 위치를 확인할 수 있는 번호로 렌터카 여행 시 유용하다. 내비게이션에 6~10자리의 맵코드 번호를 입력해 목적지를 찾아가자. 『대마도 셀프트래블』 속 맵코드는 목적지 또는 근처의 주차할 만한 위치를 소개하였다. 맵코드 검색 사이트에서 목적지를 확인한 후 이용할 수 있다.

Web www.mapion.co.jp
japanmapcode.com

Step to Tsushima 5
쓰시마 별별 인터뷰

❶ 쓰시마, 이런 곳을 추천해요!

쓰시마를 여러 번 여행하며 숨겨진 매력을 찾고 있는 여행자이자, 여행사에서 여행 관련 업무를 하고 계신 김지연 님. 쓰시마 탐험을 먼저 시작한 선배 여행자로서, 이제 막 쓰시마 여행을 준비하는 이들에게 도움이 될 만한 이야기를 물었다.

Q. 쓰시마는 어떤 곳인지 한 줄로 표현해 주신다면?
쓰시마는 한국과 인연이 깊은 국경의 섬, 대자연과 역사를 탐방할 수 있는 매력적인 곳이에요.

Q. 지연 님이 좋아하는 쓰시마의 명소, 맛집을 듣고 싶어요.
미우다 해수욕장도 예쁘고, 좋아하는 곳들이 너무 많지만, 에보시다케 전망대와 와타즈미 신사를 소개하고 싶어요. 에보시다케 전망대에서는 아름다운 리아스식 해안인 아소만을 360도 파노라마 뷰로 즐길 수 있어요. 아소만은 쓰시마를 상징하는 모습 중 하나거든요. 에보시다케 전망대와 가까운 와타즈미 신사는 물에 잠긴 도리이가 인상적이에요.
맛집은 고르기 힘든데, 그럼 쓰시마버거 키요로 할게요. 쓰시마의 명물인 오징어와 톳으로 만드는 쓰시마버거를 맛볼 수 있어요. 부드럽고 쫄깃한 식감의 수제버거를 즐길 수 있어서 좋아요.

Q. 처음 쓰시마를 가려는 여행자에게 추천하는 여행 스타일이 있나요?
쓰시마는 단순 관광지가 아닌 독특하고 특별한 섬이에요. 숨겨진 매력을 찾으며 여행하기 좋죠. 자세히 보면 더 예쁘고, 마음을 열면 더 즐거운 여행을 할 수 있어요. 그냥 둘러만 보지 마시고 자전거, 캠핑, 낚시, 민박 등 다양한 체험을 해보셨으면 좋겠어요. 현지인들과 만나고 대화하면서 그들의 삶을 만나는 것도 좋아요. 쓰시마의 숨겨진 매력을 찾으셨으면 좋겠습니다.

❷ 현지인이 소개하는 쓰시마

하나다花田 씨는 이즈하라 카페 친구야의 스태프로 일하며 매일 한국인 여행자를 만나고 있다. 명랑하고 쾌활한 성격으로 여행자를 맞이하고 있는데, 카페 스태프가 아닌 쓰시마 주민으로서 여행자에게 해주고 싶은 말이 있는지 물었다.

Q. 쓰시마는 어떤 매력이 있나요?
계절마다 다른 모습을 보여주는 게 좋아요. 봄에서 여름까지는 이즈하라부터 히타카츠까지 길가에 많은 꽃이 피거든요. 현해 철쭉과 이팝나무의 꽃들이 산을 물들이고요, 가미아가타 사고佐護 지역에는 수국이 피어나 수국 로드가 생긴답니다. 가을에는 곳곳에 단풍이 지는데, 단풍으로 유명한 슈시 단풍길에는 붉은 단풍을 보려는 사람들이 많이 찾아와요. 메밀밭에 하얀 메밀꽃이 흐드러지게 피어나고, 계절이 변하면서 풍경이 변하는 모습이 참 아름다워요.

Q. 쓰시마의 주민으로 한국인 여행자에게 전하고픈 메시지가 있나요?
예전부터 쓰시마와 한반도는 인연이 많았지요. 그런 부분이 언어에도 남아 있어요. 쓰시마에서 고구마는 '고우코이모'라고 하는데 들어 보면 한국의 '고구마'와 비슷한 느낌이 있어요. '친구'라는 단어도 쓰시마에서 친한 사이를 나타낼 때 사용하는 사투리예요. 고구마와 친구 이외에도 많이 있겠죠.
한국 사람들은 대담하기도 하고 속이 깊은 것 같아요. 그리고 활기찬 사람들이 많은 것 같은데 한국 관광객 중에는 자신이 알고 있는 일본어를 사용하려고 노력하는 분들이 계세요. 쓰시마에 한국어를 공부하는 사람들도 많고요. 이렇게 서로의 언어를 공부하고 사용해 보면서 조금씩 친해지면 좋을 것 같아요.

Step to Tsushima 6
서바이벌 여행 일본어

❶ 기본

아침 | 안녕하세요.	おはようございます。	오하요오 고자이마스
낮 | 안녕하세요.	こんにちは。	곤니치와
밤 | 안녕하세요.	こんばんは。	곰방와
안녕히 계세요.	さようなら。	사요나라
죄송합니다.	すみません。	스미마셍
예 / 아니요	はい / いいえ	하이 / 이이에
괜찮습니다.	大丈夫です。	다이죠부데스
잠시 기다려주세요.	ちょっと待ってください。	춋토맛테 쿠다사이
서울에서 왔습니다.	ソウルから来ました。	소우루카라 키마시타
감사합니다.	ありがとうございます。	아리가토우 고자이마스
도와주세요.	助けてください。	다스케테 쿠다사이

❷ 교통

버스정류장은 어디인가요?	バス停はどこですか。	바스테와 도코데스카
프리패스 주세요.	フリーパースください。	후리파스 쿠다사이
어디서 하차하나요?	どこで降りますか。	도코데 오리마스카
~에 가나요?	~に行きますか。	~니 이키마스카
주차장까지 가고 싶습니다.	駐車場まで行きたいです。	츄우샤죠오마데 이키타이데스
요금은 얼마인가요?	料金はいくらですか。	료오킹와 이쿠라데스카

❸ 숙박

체크인하고 싶습니다.	チェックインお願いします。	체크인 오네가이시마스
제 이름으로 예약했습니다.	私の名前で予約しました。	와타시노 나마에데 요야쿠시마시타
짐을 맡기고 싶습니다.	荷物を預けたいです。	니모츠오 아즈게타이데스
조식 시간은 언제인가요?	朝食時間はいつですか。	쵸오쇼쿠지캉와 이츠데스카

④ 식당

식사 가능합니까?	食事できますか。	쇼쿠지 데키마스카
오늘 오후 6시에 2명 예약하고 싶어요.	今日午後6時2人予約したいんですが。	쿄오 고고로쿠지 후타리요야쿠시타인데스가
한국어 메뉴가 있나요?	韓国語のメニューがありますか。	캉코쿠고노메뉴우가 아리마스카
추천 메뉴는 무엇입니까?	おすすめメニューは何ですか。	오스스메메뉴우와 난데스카
이것을 주세요.	これを下さい。	고레오 쿠다사이
물 좀 더 주세요.	お水のお代わりお願いします。	오미즈노 오카와리 오네가이시마스
맛있습니다.	美味しいです。	오이시이데스
잘 먹었습니다.	ごちそうさまでした。	고치소우사마데시타
계산해 주세요.	お会計お願いします。	오카이케이 오네가이시마스
따로 계산해 주세요.	別々に計算してください。	베츠베츠니 케이산시테 쿠다사이
숟가락 있나요?	スプーンありますか。	스푼 아리마스카
휴지 주세요.	ティッシュください。	팃슈 쿠다사이
녹차	お茶	오차
차가운 물 / 뜨거운 물	お水 / お湯	오미즈 / 오유
계산서	レシート	레시토

⑤ 쇼핑

좀 둘러봐도 될까요?	ちょっと見てもいいですか。	춋토 미테모 이이데스카
가장 인기 있는 게 뭔가요?	一番人気があるのはどれですか。	이치방 닌키가 아루노와 도레데스카
면세 가능한가요?	免税可能ですか。	멘제이 가노우데스카
얼마입니까?	いくらですか。	이쿠라데스카
신용카드 사용할 수 있나요?	クレジットカード使用できますか。	쿠레짓토카아도 시요오 데키마스카

⑥ 관광

관광안내소가 어디예요?	観光案内所はどこですか。	캉코우안나이쇼와 도코데스카
사진 찍어도 되나요?	写真を撮ってもいいですか。	샤신오 톳테모 이이데스카
사진 찍어주세요.	写真を撮って下さい。	샤신오 톳테 쿠다사이

Index

- 숫자 -

88개소 지장보살 순례길 御遍路	78

- ㄱ -

가네다 성터 & 죠야마 金田城跡 & 城山	104
가네이시 성 정원 旧金石城庭園 | 큐가네이시죠테엔	40
가미자카 공원 上見坂公園	49
갓포레 かっぽれ	142
갤러리 카페 만마야 まんまや	59
게스트하우스 와키모토 ゲストハウスわきもと	91
고려문 高麗門	47
교토 잇케이 라멘 京都いっけいらーめん	52
국분사 国分寺 | 고쿠분지	44
기류켄 起龍軒	142
긴의 잠수은행나무 琴の大銀杏	82

- ㄴ -

나가도메카시텐 永留菓子店	131
나기사노유 渚の湯	82
나카라이 도스이칸 半井桃水館 | 나카라이토스이칸	45
네즈카시호 根津菓子舗	122
니시노코이데 西漕手	103
니시도마리 해수욕장 西泊海水浴場	80

- ㄷ -

다마노유 真珠の湯	105
다이렉스 쓰시마점 ダイレックス対馬店	131
다테라야마 龍良山	49
대마 호텔 ホテル対馬 | 호테루 쓰시마	70
덕혜옹주 결혼 봉축 기념비 德恵翁主結婚奉祝之碑	40
도노사키 공원 & 일러 우호의 언덕 殿崎国定公園 & 日露友好の丘	80
도요코인 東横イン	72
도요타마 반점 豊玉飯店	121
도요포대 豊砲台跡	89

- ㄹ -

란테이 らん亭	67
레스토랑 & 카페 라일락 レストラン & カフェライラック	108
로셰 루가루 ロシェ・ルガール | Rocher Regard	110
로와루 ロワール	106
로지 쓰시마 ロッジ対馬	113
루팡 ルパン	56

- ㅁ -

마루야 호텔 丸屋ホテル	73
마메다 豆狸	61
마츠모토키요시 이즈하라점 マツモトキヨシ厳原店	68
만관교 万関橋 | 만제키바시	100
만송원 万松院 | 반쇼인	43
만제키 전망대 万関展望台	101
매림사 梅林寺 | 바이린지	103
메보로댐 승마공원 目保呂ダム馬事公園	158
메시야 めしや	54
모고야 藻小屋	128
모스버거 쓰시마점 モスバーガー対馬店	55
무가저택거리 旧武家屋敷町 | 큐부케야시키마치	48
미나토스시 みなと寿司	84
미나토야료칸 みなと屋旅館	143
미네마치 역사민속자료관 峰町歴史民俗資料館	130
미마츠 美松	83
미쓰시마마치 해수욕장 & 오타우라 해수욕장 美津島町海水浴場 & 太田浦海水浴場	99
미우다 캠핑장 三宇田キャンプ場	155
미우다 펜션 対馬みうだペンション	91
미우다 해수욕장 三宇田海水浴場	79
미타케 산 御岳	140
민숙 센료 民宿千両	71

- ㅂ -

방화벽 防火壁 | 보우카헤키	46
밸류 다케스에 오우라점 バリュースタジアムタケスエ大浦店	90
밸류 다케스에 히타카츠점 バリュースタジアムタケスエ比田勝店	90
버드워칭 공원 佐護バードウォッチング公園	140
뷰 호텔 미즈키 ビューホテル観月	73
비죠즈카 공원 美女塚公園	66
빵 가게 대지의 은혜 大地のめぐみ	110
빵 공장 플라쥬 パン工房 PLAGE	111

- ㅅ -

사오자키 공원 棹崎公園	137
사이키 밸류 마트 도요타마점 サイキ豊玉店	123
사이키 밸류 마트 미쓰시마점 サイキ美津島店	112
사카나야 엔 肴やえん	108
산라쿠스시 三楽寿司	85
서산사 유스호스텔 宿坊対馬西山寺 | 슈쿠보쓰시마세이잔지	69
센료 千両	59
센뵤마키야마 전망대 千俵蒔山展望台	138
소바도장 아가타노사토 そば道場あがたの里	141
소바도장 타쿠미 体験であい塾匠	60
수선사(최익현 순국비) 修善寺 | 슈젠지	44
슈시 단풍길 舟志のもみじ街道	81
슌사이 와라쿠 旬彩和らく	62
스시야 すしやダイケー	51
시라타케 白嶽山	104
시마모토 志まもと	50

시마스토리 SHIMA STORY	58
시미즈 산 성터 & 아리아케 산 清水山城跡 & 有明山	42
식당 조 食堂じょう	55
신화의 마을 자연공원 神話の里自然公園	118, 155
쓰시마 그랜드 호텔 対馬グランドホテル	113
쓰시마 그린 블루 투어리즘 対馬グリーンブルーツーリズム	153
쓰시마 그린파크 対馬グリーンパーク	98
쓰시마 대아 호텔 対馬大亜ホテル	73
쓰시마 야마네코 공항 対馬やまねこ空港	102
쓰시마 야생생물 보호센터 対馬野生生物保護センター	136
쓰시마 에코 투어 対馬エコツアー	159
쓰시마 역사민속자료관 & 조선통신사의 비 対馬歴史民俗資料館 & 朝鮮国通信使之碑	41
쓰시마 후루사토 전승관 対馬ふるさと伝承館	98
쓰시마물산관 対馬物産館	68
쓰시마버거 키요 対馬バーガー KiYo	51
쓰시마테이 사토 つしま亭さと	107
쓰쓰자키 豆酘崎	65

- ㅇ -

아나고테이 あなご亭	121
아소베이파크 あそうベイパーク	102
아소베이파크 오토캠핑장 あそうベイパークオートキャンプ場	155
아오시오노사토 캠핑장 青潮の里キャンプ場	154
아유모도시 자연공원 鮎もどし自然公園	154
아지로의 연흔 & 하트스톤 網代の漣痕 & ハートストーン	81
야마다쇼게츠도 山田松月堂	109
야보텐 やぼてん	88
야스라기 やすらぎ	112
야에 식당 八重食堂	84
에보시다케 전망대 烏帽子岳展望台	118
에비나메이게츠도 海老名名月堂	141
오렌지 민숙 民宿オレンジ	71
오우라 해수욕장 尾浦海水浴場	48
오하시노쿠니 おはしのくに	54
오하시료칸 大橋旅館	131
오후나에 お船江	63
오후나코시바시 大船越橋	103
와니우라의 이팝나무 鰐浦のヒトツバタゴ	79
와니우라노히토츠바타고	
와타나베과자점 渡辺菓子舗	와타나베카시호	56
와타즈미 신사 和多都美神社	119
요시에이 민숙 民泊吉栄	123
우동차야 うどん茶屋	60
우리들 펜션 ウリドゥルペンション	143
우메야 うめや	107
우미고야 요시에이 海小屋吉栄	122
원통사 円通寺	엔쓰지	129
윳타리랜드 쓰시마 湯多里ランドつしま	105
이국이 보이는 언덕 전망대 異国の見える丘展望台	139
이사리비 공원 漁火公園	이사리비코엔	46
이사리비 漁火	106
이자카야 시오지 居酒屋汐路	62
이자카야 토리이치 居酒屋とり壱	142
이자카야 히데요시 居酒屋ひでよし	83
이즈하라 펜션 厳原ペンション	73
이쿠치하마 해수욕장 井口浜海水浴場	139

- ㅈ -

지카페 G カフェ	64

- ㅊ -

츠타야 호텔 ツタヤホテル	70
친구야 & 키요 Chinguya & KiYo	86
친구야 ちんぐ屋	57

- ㅋ -

카가시야 쓰시마 이즈하라점 かがし屋 対馬厳原店	69
카미소 花海荘	91
카이칸 식당 かいかん食堂	88
카즈 和	89
카페 뮤 Cafe MYU	87
카페 츠무기 紬	58

- ㅌ -

테랏치 てらっ家	53
토리야스 とりやす	62
티아라 몰 いづはらショッピングセンター ティアラ	이즈하라 쇼핑센타 티아라	68

- ㅍ -

파루21 パル21	112
펜션 히노키노모리 ペンションひのきの森	143
포에무 빵집 パンのポエム	87
푸드트럭 후지야 ふじや	120
피터팡 ピーターパン	109

- ㅎ -

하루짱 라멘 春ちゃんラーメン	112
하치만구 신사 八幡宮神社	47
한국전망대(조선국 역관사 순난비) 韓国展望所	칸코쿠텐보우쇼	78
해신 신사 海神神社	가이진진자	128
호타루노유 ほたるの湯	130
호텔 금석관 ホテル金石館	호테루킨세키칸	72
호텔 미츠와칸 ホテル美津和館	71
호텔 벨포레 ホテルベルフォーレ	호테루베루호레	72
호텔 이즈하라 ホテル厳原	72
호텔 쿠코인 ホテル空港イン	113
혼케 가마도야 도요타마점 本家かまどや豊玉店	123

쓰시마 전도

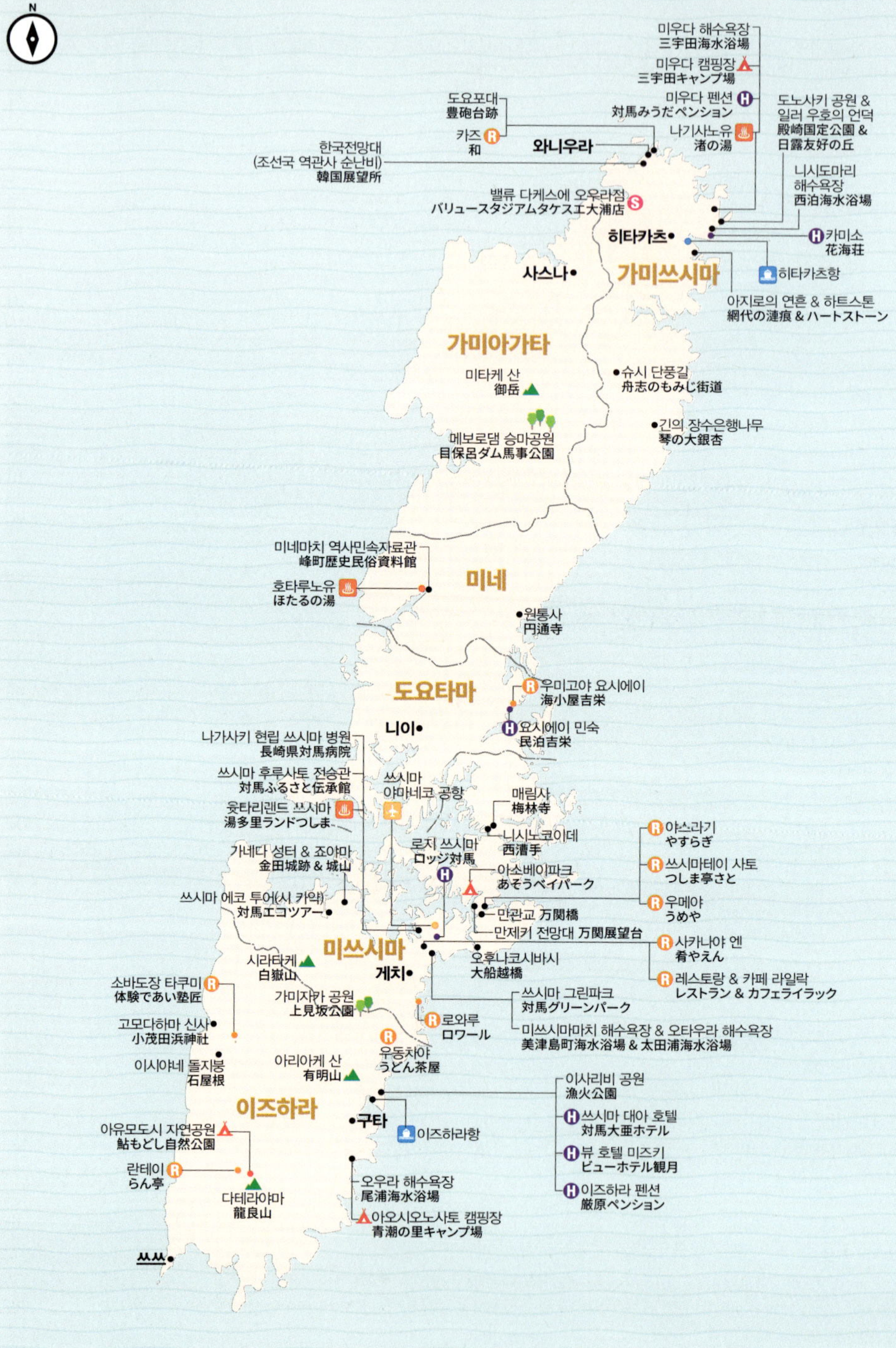

N
미우다 해수욕장
三宇田海水浴場
미우다 캠핑장
三宇田キャンプ場
도요포대
豊砲台跡
미우다 펜션
対馬みうだペンション
도노사키 공원 &
일러 우호의 언덕
殿崎国定公園 &
日露友好の丘
카즈
和
와니우라
나기사노유
渚の湯
한국전망대
(조선국 역관사 순난비)
韓国展望所
니시도마리
해수욕장
西泊海水浴場
밸류 다케스에 오우라점
バリュースタジアムタケスエ大浦店
히타카츠
카미소
花海荘
사스나
가미쓰시마
히타카츠항
아지로의 연흔 & 하트스톤
網代の漣痕 & ハートストーン
가미아가타
미타케 산
御岳
슈시 단풍길
舟志のもみじ街道
긴의 장수은행나무
琴の大銀杏
메보로댐 승마공원
目保呂ダム馬事公園
미네마치 역사민속자료관
峰町歴史民俗資料館
호타루노유
ほたるの湯
미네
원통사
円通寺
우미고야 요시에이
海小屋吉栄
도요타마
요시에이 민숙
民泊吉栄
니이
나가사키 현립 쓰시마 병원
長崎県対馬病院
쓰시마 후루사토 전승관
対馬ふるさと伝承館
쓰시마
야마네코 공항
매림사
梅林寺
유타리랜드 쓰시마
湯多里ランドつしま
니시노코이데
西漕手
야스라기
やすらぎ
가네다 성터 & 죠야마
金田城跡 & 城山
로지 쓰시마
ロッジ対馬
쓰시마테이 사토
つしま亭さと
아소베이파크
あそうベイパーク
쓰시마 에코 투어(시 카약)
対馬エコツアー
우메야
うめや
만관교 万関橋
만제키 전망대 万関展望台
사카나야 엔
肴やえん
미쓰시마
오후나코시바시
大船越橋
시라타케
白嶽山
게치
레스토랑 & 카페 라일락
レストラン & カフェライラック
소바도장 타쿠미
体験であい塾匠
쓰시마 그린파크
対馬グリーンパーク
가미자카 공원
上見坂公園
로와루
ロワール
고모다하마 신사
小茂田浜神社
미쓰시마마치 해수욕장 & 오타우라 해수욕장
美津島町海水浴場 & 太田浦海水浴場
우동차야
うどん茶屋
이시야네 돌지붕
石屋根
아리아케 산
有明山
이사리비 공원
漁火公園
이즈하라
쓰시마 대아 호텔
対馬大亜ホテル
구타
아유모도시 자연공원
鮎もどし自然公園
이즈하라항
뷰 호텔 미즈키
ビューホテル観月
란테이
らん亭
이즈하라 펜션
厳原ペンション
다테라야마
龍良山
오우라 해수욕장
尾浦海水浴場
아오시오노사토 캠핑장
青潮の里キャンプ場
쓰쓰

Coupon 『대마도 셀프트래블』 독자 선물

친구야 & 키요 쿠폰 3종

친구야 & 키요 버거 세트 10% 할인

쓰시마 히타카츠 친구야 & 키요에서
쓰시마의 식재료로 만든 신선한 버거와 음료를 즐겨보세요.

※ 본 쿠폰은 쓰시마 히타카츠 친구야 & 키요에서 사용하실 수 있습니다.
※ 버거와 음료로 구성된 세트 메뉴 주문 시 사용 가능합니다.
※ 1인 1매에 한하며, 다른 쿠폰 및 할인 혜택과 중복 이용이 불가능합니다.

10%

일반자전거 대여 20% 할인

히타카츠가 있는 쓰시마의 북쪽은 상대적으로 교통이 조금 불편합니다. 자전거를 이용하면 관광지, 맛집, 온천을 조금 더 편하게 여행할 수 있습니다. **친구야 & 키요**에서 자전거 대여를 하시는 분들께 짐 보관 서비스를 제공하고 있습니다.

※ 본 쿠폰은 쓰시마 히타카츠 친구야 & 키요에서 사용하실 수 있습니다.
※ 전동자전거 외 일반자전거 대여 시에 사용 가능합니다. 사전 예약 필수.
※ 1인 1매에 한하며, 다른 쿠폰 및 할인 혜택과 중복 이용이 불가능합니다.

20%

캠핑 장비 대여 10% 할인

쓰시마 히타카츠 친구야 & 키요에서는 텐트, 식기 세트, 스토브 세트 등의 캠핑 장비 대여 서비스를 합리적인 가격에 제공하고 있습니다. 무거운 캠핑 장비를 이끌고 고생하지 마세요.

※ 본 쿠폰은 쓰시마 히타카츠 친구야 & 키요에서 사용하실 수 있습니다.
※ 1인 1매에 한하며, 다른 쿠폰 및 할인 혜택과 중복 이용이 불가능합니다.
※ 사전 예약 필수. 캠핑 장비 대여 관련 문의 070-7842-2362

10%

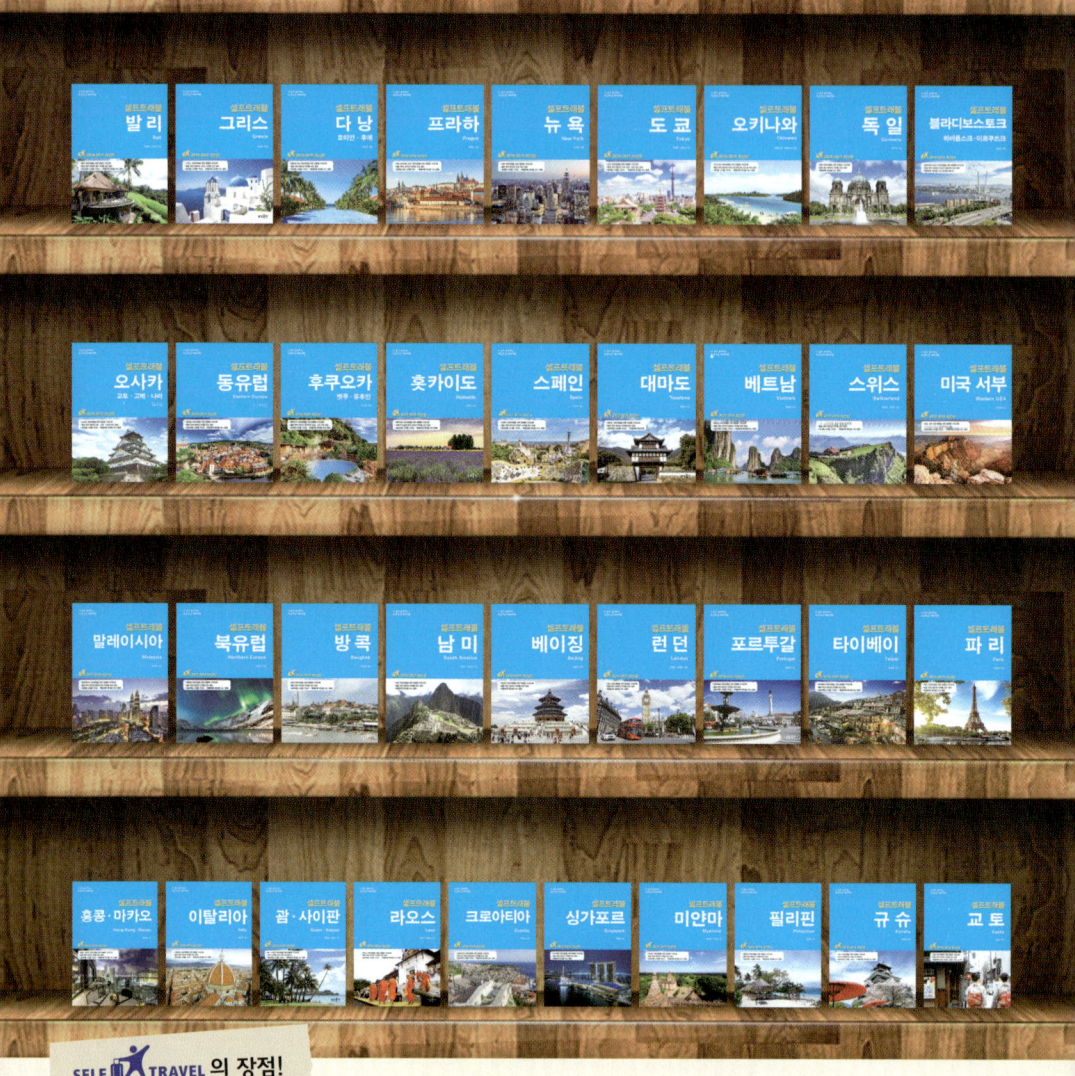